SOGIをめぐる法整備はいま

LGBTQが直面する法的な現状と課題

LGBT法連合会／編

性的指向および性自認等により困難を抱えている
当事者等に対する法整備のための全国連合会

かもがわ出版

巻頭の辞　私たちは、本当は何を求めていたのか？

2022年11月19日土曜日。コロナ禍でしばらくひっそりとしていた早稲田大学文学部の大教室も、その日に限っては、学生をはじめ各地から集結した200名余の参加者の熱気に包まれた。会場では、LGBT法連合会のシンポジウム「法整備とSOGI（性的指向・性自認）」が2年ぶりに対面開催され、第一線で活躍する18名の登壇者を迎えて、さまざまな側面からSOGIにかかわる社会情勢についての報告と議論が交わされた。

思えば、オリンピック2020の開催地が東京に決まり、大歓声があがっていた頃、日本のLGBTコミュニティでは独自の機運が生まれていた。2020年の五輪開催で、世界の目が日本に向くのを契機に、性的指向・性自認への差別をなくす国内法の整備をなんとしてでも実現したい、という願いである。海外・国内のスポーツ選手のカミングアウトが活発化する中で、2013年にロシアが同性愛宣伝禁止法を制定。それに反発した人々の間でソチ冬季五輪の参加ボイコットが起きた。国際オリンピック委員会（IOC）が五輪憲章に「性的指向」を加えたのはその翌年である。しかし、その後の世界的なコロナ禍で、東京五輪の1年延期と無観客開催が決まり、「日本の存在感を世界に示す」という目的を十分果たせぬままオリンピックは閉幕した。コロナ禍のため国際社会の圧力も弱まり、早期制定を目指して自民党が提案した「LGBT理解増進法」に対しても、党内で異論や差別発言が続出。この時は、法案の上程は結局時間切れとなった。

2023年5月19～21日、日本がホスト国となってG７広島サミットが開催された。G７の中でLGBTを保護する法律がない国は日本だけ。「ホスト国としての責任を果たすためにも法整備が必要」という切羽詰まった状況なのだが、議会で質問を受けた岸田首相が「家族観や価値観、社会が変わってしまう課題だ」と、なんとも後ろ向きの発言をしたあと、それに輪をかける露骨な差別発言が首相秘書官から発せられ、世の中の関心が再び「LGBT法案成立なるか」に向いてきたようだ。以前なら世間で容認されていた、やみくもな「LGBT嫌悪」発言が見過ごされなくなり、説明責任を問われるようになったことをみても、社会意識にも大きな変化が起きていることは確かだ。

当初の計画では、シンポジウムを記録するための書籍刊行だったが、その後の数カ月間で、性的マイノリティへの政治的関心がかつてないほど高まり、国内のトップニュースになることも珍しくなくなった。このため本書は、昨年のシンポジウムの記録であると同時に、刻々と移り変わる政治情勢の中、当事者・アライ（支援者）が切実に求めているLGBT法制定までの「かくも長く曲がりくねった道のり」を記録した貴重なドキュメントとなっている。

政治の世界は、各政党や議員の思惑が交錯するため、法制定まで情勢は二転三転し、とかく不透明になりがちだ。そんなとき、本書『SOGIをめぐる法整備はいま』を読めば、性的指向・性自認に関する法整備について最前線の動きを知ることができ、このテーマに関心を持つアライの人々にとっても有用な一冊となるだろう。

本書の出版にご協力いただいた執筆者の皆さん、LGBT法連合会事務局の皆さん、そして編集に携わった八木絹さんと、かもがわ出版の皆さんに心から御礼申し上げたい。

なお、2023年6月16日に「性的指向及びジェンダーアイデンティティの多様性に関する国民の理解の増進に関する法律案」（「LGBT理解増進法」）が、参議院本会議で成立した。内容を見ると、残念ながら、私たちが求めてきた差別禁止法とは大きく異なるものであり、「理解増進」どころか、性的指向や性自認に関するこれまでの取り組みを阻害する動きに使われるのではないかとの懸念さえ浮上している。この法律が、性的指向、性自認、性表現などに不自由を抱えている人々の支えになる方向で運用されるよう注視するとともに、真に差別を禁止する法制度が確立されるよう、あきらめることなく、多くの人々とともに運動を続けていきたい。

2023年6月22日

LGBT法連合会 前代表理事/現顧問

原ミナ汰

本書は、2022年11月19日に開催されたシンポジウム「法整備とSOGI」（主催:LGBT法連合会、共催：早稲田大学教育学部金井景子研究室、於：早稲田大学）における報告・討論をもとに修正・加筆したものです。

SOGIをめぐる法整備はいま

LGBTQが直面する法的な現状と課題

CONTENTS

用語集 「LGBTQ報道ガイドライン」（第2版）から転載。本書に登場しない用語も含む

ア

アウティング（Outing）：他人の性のあり方を、同意なく第三者に暴露してしまうこと。

アライ（Ally）：多様な性のあり方に理解のある非当事者で、支援者、応援者のこと。

アロマンティック（Aromantic）：他者に恋愛的に惹かれない人。

アセクシュアル（Asexual）：他者に性的に惹かれない人。

Xジェンダー（X-gender）
読みは「エックスジェンダー」。自認する性別が男女どちらでもない、どちらとも言い切れない人。あるいはいずれにも分類されたくない人。英語圏では主に「ノンバイナリー」や「ジェンダークィア」といった言葉が使われ、「Xジェンダー」は主に日本語圏で使われている。

LGBT
読みは「エルジービーティ」。Lesbian（レズビアン）、Gay（ゲイ）、Bisexual（バイセクシュアル）、Transgender（トランスジェンダー）の頭文字をとった言葉。広く性的マイノリティの人たちを表す言葉として用いられることがある。L・G・B・T以外にもQuestioning（クエスチョニング）やQueer（クィア）、ほかにもさまざまな性のあり方を含み「LGBTQ」や「LGBTQ+」という言葉が使われることもある。

カ

カミングアウト（Coming out）：自らの性のあり方を自覚し、それを誰かに開示すること。

クエスチョニング（Questioning）
自らの性のあり方などについて特定の枠に属さない人、分からない人。典型的な男性・女性ではないと感じる人。

クローゼット（Closeted, in the closet）
自らの性のあり方を自覚しているが、ほかの人に開示していない状態。押し入れに隠れている状態に例えて言う。

ゲイ（Gay）：性自認が男性で、性的指向が同性に向く人。男性同性愛者。

クィア（Queer）
もともとは「奇妙な」といった意味の侮蔑的な言葉だったが、性的マイノリティの当事者がこの言葉を取り戻し、「ふつう」や「あたりまえ」など規範的とされる性のあり方に当てはまらないジェンダーやセクシュアリティを包括的に表す言葉として使われている。

サ

シスジェンダー（Cisgender）
出生時に割り当てられた性別に違和感がなく性自認と一致し、それに沿って生きる人のこと。

性自認（Gender Identity）：自分の性別をどのように認識しているかを示す概念。性同一性。

性的指向（Sexual Orientation）
恋愛や性的関心がどの対象の性別に向くか向かないかを示す概念。恋愛・性愛の関心が異性に向かう異性愛（ヘテロセクシュアル）、同性に向かう同性愛（ホモセクシュアル）、男女両方に向かう両性愛（バイセクシュアル）、誰にも向かないアセクシュアルなどがある。

性同一性障害（GID, Gender Identity Disorder）
性別違和の中でも、とくに精神神経医学的な診断基準を満たす場合につけられる診断名。GIDと略される。

生物学的な性（Sex）
通常、出生時の外性器の形状に基づいて男女どちらかに割り当てられる。外性器の形状が曖昧なときは、その他の要素（内性器、性染色体もしくは性ホルモン）を考慮して性別が割り当てられる。

性分化疾患（DSDs, Disorders ／ Differences of Sex Development）
性分化の過程で、染色体、性腺、内性器や外性器が多くの人とは異なっている状態（DifferencesをDiverseと表記する場合も見られる）。

性別違和（Gender Dysphoria）
2013年に改訂された「精神障害診断の手引き第5版（DSM－5）」で、「性同一性障害」に代わって使用されている名称。出生時に割り当てられた性別と性自認の不一致を感じている状態を指す。性別違和そのものは精神疾患でないとされている。

性別不合（Gender Incongruence）
2019年に採択されたWHO（世界保健機関）の国際疾病分類の改訂版「ICD－11」で、性同一性障害という概念がなくなり、代わって「性の健康に関する状態」という新項目に新設された名称。（「性別不合」は2022年4月現在、仮訳）

性別適合手術（Sex Reassignment Surgery〔SRS〕／ Gender Affirming Surgery）
トランスジェンダーのうち、手術前の身体の性的特徴に対して強い違和感や嫌悪感を抱いている人に対し、内外性器等、生殖腺関係を念頭に、性自認に合わせるために行う外科手術。日本精神神経学会の「性同一性障害に関する診断と治療のガイドライン第4版改」で用いられている用語。

セクシュアリティ（Sexuality）：性のあり方、または性の欲望に関するあり方。

性的マイノリティ：「典型」とされる性のあり方にあてはまらない人のこと。セクシュアルマイノリティと言われたり、GSM（ジェンダー・セクシュアル・マイノリティ）という言葉もある。

SOGI
読みは「ソジ」。「性的指向（Sexual Orientation=SO）」と「性自認（Gender Identity=GI）」の略。「性別表現（Gender Expression）」を加えてSOGIE（ソジー）ということもある。

ゾーニング：自分の性のあり方について伝える範囲を限定したり、コントロールすること。

タ

トランスジェンダー（Transgender）：出生時に割り当てられた性別と性自認が異なる人。

デッドネーミング（Deadnaming）
トランスジェンダーなどの当事者が出生時に付けられ、現在は使用していない名前を本人の同意なく使用すること。

ナ

ノンバイナリー（Non-binary）
性のあり方が男性か女性という性別二元論にとらわれない人。英語圏では主に「ノンバイナリー」や「ジェンダークィア」といった言葉が使われ、日本語圏では主に「Xジェンダー」が用いられている。

ハ

バイセクシュアル（Bisexual）：性的指向が男女どちらにも向く人。両性愛者。

パンセクシュアル（Pansexual）：性的指向が性別にとらわれない人。全性愛者。

ヘテロセクシュアル（Heterosexual）：性的指向が異性に向く人。異性愛者。

ホモセクシュアル（Homosexual）
性的指向が同性に向く人。ゲイは男性同性愛者、レズビアンは女性同性愛者。

ミ

ミスジェンダリング（Misgendering）
トランスジェンダーなどの当事者の敬称や人称代名詞について、本人の性自認を尊重せず、誤った言葉を用いること。

ラ

レズビアン（Lesbian）：性自認が女性で、性的指向が同性に向く人。女性同性愛者。

第1部

法整備とSOGI

2023年のG7広島サミットに向けた法整備の議論状況

神谷悠一 LGBT法連合会事務局長

◉突如舞い込んだ首相秘書官による差別発言の報道

2023年の2月3日の夜、一つの報道が駆け巡った。岸田首相の秘書官であった荒井勝喜氏が、性的マイノリティや同性カップルに関連して「僕だって見るのも嫌だ。隣に住んでいるのもちょっと嫌だ」と発言したというのである。

この発言には、LGBT法連合会の賛同団体からも怒りの声が上がり、同時に「隣にいるのもいやだといわれると外出するのも辛い」といった声や、「家族の中で親が秘書官発言に同意しているのを見て死にたくなった」などの声も寄せられていた。この秘書官発言が、当事者の多くを傷つける、きわめて「分かりやすすぎる」差別発言であったことは論をまたないだろう。

発言自体が首相秘書官という立場性から、平時でも大きな問題となるものだが、2023年は日本がG７の議長国となる年であった。このことをふまえると、よりいっそう大きな意味合いをとらえる必要がある。

LGBT法連合会は、同日深夜から翌4日の正午に向けて、断続的に持ち回り審議を行い、4日の午後には「岸田首相秘書官の差別発言報道に関する声明」を発表した。

この声明は、発表のタイミングが早かったこともあってか、報道各社で報じられ、新聞各紙やニュース番組などでも大きく取り上げられた。

この声明に記載した内容は、要約すると以下の4点となる。

①秘書官の発言の中には「秘書官室全員」が同じような認識とあり、きわめて深刻な状況、②少数者の人権は賛成者の多寡を問うものではないが、近所に性的マイノリティ当事者がいることが「嫌だ」という人は

近年きわめて減少しており、3割を下回っている。発言は世論とも乖離している、③G７サミットには多くの性的マイノリティ当事者の各国政府要人の来日が予測され、秘書官発言は国際問題となりうるものである、④このような認識は法整備の遅れに起因しており、G７サミットに向けた差別禁止法の整備が必要であること、であった。

2023年5月現在振り返ると、この声明は、その後の状況を予期するものであったと言えるかもしれない。とくに③や④については、この声明発表直後から、大きな動きが見られる。

◉突如わき上がった法整備に向けた議論

今でも印象的なのは、2023年2月6日の国会界隈が、その前の週までとは、異なる次元にあるかのような様相であったことである。

差別発言を受けて、与党議員の中にも、今回の発言を教訓として何らかの法整備が必須であるとの声が上がっていたし、野党議員からは、2021年に超党派議員連盟で合意した案を超えて、さらに何段階も踏み込んだ案がこの国会でできるのではないか、との声も出ていた。

その前の週までも私たちは、G7広島サミットに向けた取り組みを続けていた。中でも、岸田首相が、G7 2022エルマウ・サミットにおいて「我々は、女性と男性、トランスジェンダー及びノンバイナリーの人々の間の平等を実現することに持続的に焦点を当て、性自認、性表現あるいは性的指向に関係なく、誰もが同じ機会を得て、差別や暴力から保護されることを確保することへの我々の完全なコミットメントを再確認する」「我々は、あらゆる多様性をもつ女性及び女児、そしてLGBTIQ+の人々の政治、経済及びその他社会のあらゆる分野への完全かつ平等で意義ある参加を確保し、全ての政策分野に一貫してジェンダー平等を主流化させることを追求する」などとする首脳コミュニケに合意していたことを重要視した。そのため、LGBT法連合会は、Women 7（W7）というG7各国の女性団体による、G7首脳に向けて提言を提出する枠組み(1)へ、代表理事3名をアドバイザーとして派遣した。W7は、2022年のドイツ、エルマウ・サミットから性的指向・性自認（SOGI）の課題を中心的な課題の一つと位置づけ、取り組みを進めていたからである。さらに、W7とは別に、性的指向・性自認に関する課題の一層の可視化に向けて、Pride7（P7）という性的指向・性自認の課題のみにフォーカスした、Ｇ７各国の支援団体による非公式グループの立ち上げを模索していた。

しかし、各党に、首脳コミュニケの内容も含めたこれらの取り組みの説明に回っても、おしなべて「何かの動きをＧ７までに考えなくてはならないか」といった程度の反応であった。そのような状況から比べれば、「法整備は当然」と言わんばかりの変わりようは、まさに次元が変わったかのような大きな変化であった。

このように、秘書官発言自体は大変にひどく、怒りや悲しみがわき起こる発言であったが、その一方で、性的指向や性自認に関する政策的な前進を促す契機となったこともまた紛れもない事実であろう。

◉海外からの強い要望

ところで、秘書官発言に対する強い否定的な反応は、国内には留まらなかった。

国連事務総長の報道官であるドゥジャリク氏は、週明けの2月6日、このように述べたと報じられている。「事務総長は嫌悪（ヘイト）に強く反対しており、誰を愛し、誰と一緒にいたいかを理由に誰も差別されてはならない」「（性的少数者の）人々が毎日直面している嫌悪や暴力の増大について、私たちは考えを明確にしてきた」。その上で、報道官は、どのような場合でも性的指向や性自認を理由にした差別は許されないと改めて強調したのだという(2)。

国連の事務総長の耳にまで入ったとなれば、これは世界を駆け巡るニュースであったと言ってもよいのではないだろうか。なお、2021年のオリンピック・パラリンピック競技大会を契機とした、法整備に向けたキャンペーンでは、キャンペーンの終盤に国際メディアで少し報じられた程度であった。しかし、今回は冒頭から、国際社会がいっせいに注目したところからのスタートであり、その違いは歴然であると言ってよいだろう。

差別発言を非難する国際世論は、国内と軌を一にするように、すぐに日本の法整備の必要性についての議論へと向かっていく。

翌週の2月15日には、アメリカのオバマ政権で首席補佐官を務めた、ラーム・エマニュエル駐日アメリカ大使が記者会見で以下のように述べている。「日本の議会に対して、『明確で曖昧さのない』性的マイノリティを保護する法律を希望すると述べた。この問題の岸田首相のリーダーシップに完全な信頼を置いていると付け加えた[(3)]」。

そして後日報道されたところによると、2月17日にエマニュエル氏をはじめとするG７の日本以外の6カ国、及びEU代表部の駐日大使らが、岸田首相に対する書簡を取りまとめたという。この書簡には、性的マイノリティを守る法整備のまたとない機会に恵まれており、人々が性的指向や性自認にかかわらず差別から解放されることを確かなものとしたい、などと書かれており、同時にG７ 2022エルマウ・サミットの首脳コミュニケにおいて、前述のように「性自認や性的指向にかかわらず、全ての人が差別や暴力から守られるべき」と一致していることにも言及されていたという[(4)]。この書簡は、すでに政府に送られていたのではないかと言われている。

こうした国際社会からの強いメッセージに戸惑い、なぜここまで強く発せられているのかが分からないとの声もこの間、聞かれる。

背景の一つとして、欧米における性的指向や性自認に関する社会環境が、日本とは大きく異なるところをふまえる必要があるだろう。例えば、アメリカ政府においては、運輸長官（閣僚級）、大統領報道官、前国務省報道官、保健福祉省次官補など、200名以上のカミングアウトをした性的マイノリティ当事者が、政府でそれぞれ職務を担っている[(5)]。他方、報道によれば、駐日イギリス大使は講演の中で、長女が同性婚をしていたことに触れていたという[(6)]。

この状況は、法連合会の声明でも触れたように、性的マイノリティ当事者が各国の要人本人、もしくはその同僚や側近、あるいは家族であることが可視化されているということを表す。そのため、首相秘書官の

「見るのも嫌だ」という発言は、要人本人はもとより、その周囲に対して、場合によっては各国政府全体に、批判的に受け止められるものであるといえる。このことは、日本政府をはじめ多くの日本の人びとの肌感覚とは異なるものであるといえよう。

実際に、政府の一員よりもより自由に発言できると目される性的マイノリティ関連の議員連盟の共同議長を務めるマーク・タカノ下院議員は、首相秘書官発言を「言語道断であり、恥ずべき発言です」と述べるにとどまらず、秘書官が更迭はされたが解雇はされておらず、将来の政権で働くことができるとも言及している。その上で「日本が職場などでのLGBTなどへの差別を厳格に禁止する法を施行する必要があることを示しています」と述べている(7)。ここまでの強い言葉は、さすがに政府関係者から出てこないが、本心はみなこのようなものであると、考えるべきであろう。

なお、一連の海外からのメッセージに対して、「内政干渉」を指摘する動きも見られるが、外務省のウェブサイトには、日本の基本的な立場として以下が明記されていることもふまえる必要があるだろう。

国際社会の人権問題に対処するにあたっては、日本は以下の諸点が重要であると考えています。

(1) 人権及び基本的自由は普遍的価値であること。また、各国の人権状況は国際社会の正当な関心事項であって、かかる関心は内政干渉と捉えるべきではないこと。

(2) 人権の保護の達成方法や速度に違いはあっても、文化や伝統、政治経済体制、社会経済的発展段階の如何にかかわらず、人権は尊重されるべきものであり、その擁護は全ての国家の最も基本的な責務であること(8)。(略)

◉OECDをはじめとする国際機関・団体の指標について

国際社会が法整備を促すメッセージを発する中で、明確に差別を禁止する法律に言及されているのはなぜであろうか。この点については、国際機関等の指標の存在をふまえる必要があるだろう。

国際機関や国際団体は、各国の性的指向や性自認に関する法制度の進捗を図るべく、それぞれ指標を発表し、その指標に照らした状況を公表している。取り組みを行なっているのは、経済協力開発機構（OECD）や、国際労働機関（ILO）、あるいは、LGBT法連合会も加盟するThe International Lesbian, Gay, Bisexual, Trans and Intersex Association（ILGA）などである。

主な指標としては、「差別禁止法」の有無（その範囲やどのような法制度に規定されているか）、性自認に基づく法的性別の承認において手術要件を求めないこと、などを挙げることができる。

ただ、最もきめ細かく進捗を測る指標を持つOECDにおいても、性的指向や性自認関連法の有無や、啓発を行っているかなどは指標になっていない。そのため、例えば2021年に超党派の議員連盟で合意された「理解増進法」が成立したとしても、日本の法的ステータスには変化がないこととなり、いささかも前進しなかったと受け止められる。逆に、法的ステータスを前進させるためには、少なくとも、差別を禁止する規定を持つ法律が必要となるのである。

このようなことから、各国から差別を禁止する法律に言及されるのは当然であるといえよう。まして、大使らの書簡に言及されるように、G7エルマウ・サミットでは、首脳コミュニケにおいて差別からの保護、すなわち差別を禁止することに岸田首相は合意しているわけであり、この観点でも当然のメッセージといえる(9)。

◉経済界・労働界も動き出している

海外からのメッセージが伝わる中で、国内でも大きな動きが見られた。

日本経済団体連合会（経団連）の十倉会長は、2023年3月20日の記者会見において「世界は差別禁止ですよね。理解増進ではなくて、日本はその前段階のLGBTQ理解増進。理解増進を出すのすら議論しているというのはいかがなものかと。出すことによって差別が増進されるとか訳の分からない議論がされているように感じます」と述べ、「経団連では、

図表　トランスジェンダーとインターセックスの人々の包摂を促す法規定は、高難易度の規定と革新的な規定に大きな比率を占める

各実績層のOECD加盟国によるLGBTを包摂する規定の施行率、2019年6月30日現在

	法規定が全国的に施行されている国の割合		
	実績下位層の国	実績中位層の国	実績上位層の国
低難易度の法規定			
LGBTIの人々の市民的自由の保護：表現、集会、及び結社の自由	100%	100%	100%
同性間と異性間の合意に基づく性行為の平等な取り扱い：同性間の合意に基づく性行為の非犯罪化、同性間と異性間の性行為の同意年齢が同等	過半数：93%	100%	100%
法的な性別承認	過半数：86%	100%	100%
差別からのLGBTIの人々の保護：雇用及び他の幅広い分野における性的指向に基づく差別の禁止	過半数：64%	100%	過半数：94%
LGBTIを包摂する人権機関の存在：性的指向に基づく差別の被害者支援を担う人権機関	過半数：64%	100%	過半数：94%
中難易度の法規定			
LGBTIを包摂する人権機関の存在：性自認に基づく差別の被害者支援を担う人権機関	半数以下：50%	過半数：75%	過半数：82%
暴力からのLGBTIの人々の保護：性的指向に基づくヘイトクライム及びヘイトスピーチ法	半数以下：29%	過半数：75%	過半数：59%
平等な養子縁組の権利：同性パートナーにセカンド・ペアレント・アダプション及び共同養子縁組が法律で認められている	0%	過半数：75%	過半数：94%
同性パートナーシップの法的承認：同性婚が法律で認められている	0%	過半数：75%	過半数：88%
生殖補助技術への平等なアクセス：同性カップル・異性カップル間での人工授精や体外受精へのアクセスの平等な取り扱い。同性カップルに人工授精や体外受精が法律で認められている場合、コペアレントの自動的な承認も法律で認められている。代理母制度へのアクセスにおける平等な取り扱い	半数以下：7%	過半数：75%	過半数：71%
高難易度の法規定			
迫害により国外避難するLGBTIの人々の保護：性的指向に基づく迫害を亡命認定の正当な根拠として明確に認めている	半数以下：36%	半数以下：50%	100%
迫害により国外避難するLGBTIの人々の保護：性自認に基づく迫害を亡命認定の正当な根拠として明確に認めている	半数以下：29%	半数以下：50%	過半数：88%
差別からのLGBTIの人々の保護：雇用及び他の幅広い分野における性自認に基づく差別の禁止	半数以下：21%	半数以下：50%	過半数：88%
LGBTIを包摂する人権機関の存在：性的特徴に基づく差別の被害者支援を担う人権機関	半数以下：7%	半数以下：25%	過半数：59%
法的な性別承認に医学的要件を求めない	半数以下：7%	半数以下：25%	過半数：59%
インターセックスの未成年者に対する医学上不要な生殖器正常化治療や手術の延期	半数以下：29%	半数以下：50%	過半数：53%
革新的な法規定			
差別からのLGBTIの人々の保護：雇用及び他の幅広い分野における性的特徴に基づく差別の禁止	0%	0%	半数以下：47%
暴力からのLGBTIの人々の保護：性自認に基づくヘイトクライム及びヘイトスピーチ法	0%	半数以下：25%	半数以下：35%
迫害により国外避難するLGBTIの人々の保護：性的特徴に基づく迫害を亡命認定の正当な根拠として明確に認めている	0%	半数以下：25%	半数以下：29%
トランスジェンダーであることを国の臨床分類で精神疾患に分類しない	0%	半数以下：25%	半数以下：24%
出生証明書などの身分証明書でノンバイナリーの性別の選択肢が利用できる	0%	半数以下：25%	半数以下：24%
差別からのLGBTIの人々の保護：憲法での性的指向、性自認、性的特徴のいずれか又は複数に基づく差別の禁止	半数以下：7%	半数以下：50%	半数以下：12%
暴力からのLGBTIの人々の保護：性的特徴に基づくヘイトクライム及びヘイトスピーチ法	0%	0%	半数以下：6%
転向療法の禁止	0%	0%	0%

注：「低難易度の法規定」とは達成の難易度が低い法規定のことをいい、実績下位層を含め実績の3つの層すべてにおいて過半数の国で可決されているものを指す。「中難易度の法規定」とは達成の難易度が中程度の法規定のことをいい、実績中位と上位の層でのみ過半数の国で可決されているものを指す。「高難易度の法規定」とは達成の難易度が高い法規定のことをいい、実績上位層でのみ過半数の国で可決されているものをいう。「革新的な法規定」とは実績上位層を含め実績の3つの層すべてにおいて、半数以下の国でしか可決されていない法規定を指す。網掛けのセルは、分析対象の法規定が、考察対象の実績層において過半数の国で施行されていることを表す。
資料：LGBTIを包摂する法律と政策に関するOECD質問票（2019年）。

出典：『OECDレインボー白書——LGBTIインクルージョンへの道のり』経済協力開発機構（OECD）編著、濱田久美子訳、明石書店、2021年

採用活動や職場での差別禁止を徹底していると強調」したという[10]。たしかに経団連は、2017年に発表した「ダイバーシティ・インクルージョン社会の実現に向けて」と題した加盟企業への提言の中で、「考えられる具体的な取り組み例」の冒頭に「性的指向・性的自認等に基づくハラスメントや差別の禁止を、社内規定等に具体的に明記」と掲げている。

他方で、日本労働組合総連合会（連合）は、2023年3月3日の中央執行委員会において「性的指向・性自認に関する差別を禁止する法律の早期制定に向けた連合の当面の取り組みについて」を採択し、同年3月8日の連合「2023 春季生活闘争 3.8 国際女性デー 全国統一行動 中央集会」において、「性的指向・性自認に関する差別を禁止する法律の早期制定を求める緊急アピール」を採択している。連合は、2016年3月3日に「性的指向及び性自認に関する差別禁止に向けた連合の当面の対応について」を取りまとめており、2017年に「性的指向及び性自認（SOGI）に関する差別禁止に向けた取り組みガイドライン〜すべての人の対等・平等、人権の尊重のために〜」を発出していることから、これに続く動きといえよう。

このように、ふりかえってみると、日本は国連やＧ７の日本以外の各国、欧州連合など、海外から相次いで強いメッセージを受け取っている。国内でも、与野党それぞれの最大の支持団体とされる経団連や連合が差別禁止の方針を掲げている。今回の一連の差別発言から法整備の議論の流れの中でも、それらの方針が再確認される形で強いメッセージが打ち出されている。

性的指向や性自認、あるいは広義のジェンダー平等に関する課題はもとより、国内のさまざまな政治課題において、ここまで広範かつ強力な支持表明が相次ぎながら、経団連の会長の言葉を借りれば、差別禁止の前段階である「理解増進を出すのすら議論している」というのは異様な状況ではないだろうか。なぜ差別の禁止に踏み出せないのか、その理由はどこにあるのか、大きな疑問を抱えながら、2023年5月現在、出口の見えない状況が続いている。

◉G7サミットを一つの契機にできるのだろうか

G7サミットに向けてLGBT法連合会らは、もともと予定していた通り、2023年3月30日にPride7サミットを開催した。このサミットには、前述のG7の日本以外の国やEU代表部などの駐日公使、経団連や連合の役員、そのほかの経済団体や企業の関係者、W7、C7、Y7、与野党の国会議員などが来賓として臨席した。支援団体も、G7のイタリア以外の各国が揃い、メキシコや、タイ、ボツワナ、ベトナムなどグローバルサウスからもオフライン、オンラインで参加した。各国支援団体は、サミットの場においてG7首脳に提言する「Pride7コミュニケ」の取りまとめに向け、詰めの白熱した議論を行った。4月21日には、各国の議論から取りまとめた提言書を、森まさこ首相補佐官に提出し、G7サミットの各プロセスへの反映を要望した。

P7サミットの様子（2023年3月30日 衆議院第一議員会館国際会議室）

今年は、P7や、従来SOGI課題を盛り込んでいたW7のほかにも、C7やY7など他のエンゲージメントグループも、提言の中にSOGIについて盛り込む見込みであり、従来よりも強力なプレッシャーを各国首脳に向けていくこととなる。

この首脳コミュニケに関して、2023年3月28日の参議院予算委員会において岸田首相は、立憲民主党の辻元清美参議院議員の質問に対し、「昨年の成果を踏まえて関係国と議論し、内容を確定していきたい。大きな方向性は明らかだ」と述べており、G7 2022エルマウ・サミットからの大きな後退がないことを示唆している。しかし、本稿でここまで述べてきた状況を踏まえれば、コミュニケのさらなる「前進」が求められており、同時に国内の性的指向・性自認による差別からの保護、差別を禁止する法制度こそが求められているはずである。国内の法整備について岸田首相は、同予算委において明確な答弁をしていない。

G7サミットでは、海外の性的マイノリティの要人、関係者、家族が来日するであろう。この中で岸田首相が各国に対してどのように声をかけ振る舞うかも注目される。各国がどのような視線で日本政府を眼差すのかと同時にである。

いずれにしても、G7サミットを一つの契機にできるのかどうかはこれから明らかにされる。

1985年の男女雇用機会均等法制定は、法の内容に問題が多数あったものの、それでも「女性たち」が大手を振って正社員になる道をつくることはできた（それはきわめて細く険しい差別構造を温存したものであったが）。そのことによって、世の中に「変わった」との認識を一定程度もたらすことができた。

2023年を「大きく変わった」年とできるのかは、まだ見通せない。

注

(1) W7の他にも、G7首脳への提言提出に向けては、公式に7つの枠組みが設けられており、それらはエンゲージメントグループと呼ばれている。W7の他には、C7（市民社会）、Y7(若者)、L7（労働界）、B7（経済界）などがある。

(2) 毎日新聞「『誰を愛すかで差別はならぬ』国連報道官、荒井元秘書官更迭で」2023年2月7日（2023年3月1日取得，https://mainichi.jp/articles/20230207/k00/00m/030/039000c）。

(3) Japan Times, "U.S. envoy to Japan hopes for 'clear, unambiguous' LGBTQ legislation," 2023年2月16日,（2023年3月1日取得，https://www.japantimes.co.jp/news/2023/02/16/national/us-japan-hopes-lgbtq-legislation/）.

(4) 東京新聞「日本除いた『G6』からLGBTQの人権守る法整備を促す書簡　首相宛てに駐日大使連名　サミット議長国へ厳しい目」2023年3月16日。

(5)「バイデン政権、史上最多のLGBTQI+を政府関係者に任命」(アメリカンビュー、2021年6月14日),(2023年4月8日取得, https://amview.japan.usembassy.gov/biden-administration-appoints-record-number-of-lgbtqi-officials/).

(6) 東京新聞「G7議長国へ各国のいら立ちが形に…LGBTQの差別禁止に動きが鈍い日本と岸田首相　駐日大使の連名書簡」2023年3月16日。

(7) 朝日新聞「同性愛者だと公表した米議員が見た日本『社会は変わった、でも…』」2023年3月14日,(2023年3月18日取得, https://www.asahi.com/articles/ASR3C1DJ3R36UHBI009.html).

(8) 外務省「人権外交」外務省Webサイト,(2023年4月9日取得, https://www.mofa.go.jp/mofaj/gaiko/jinken.html).

(9) この「差別から保護」する法律なしには、G7や国連総会において、法律をつくったと胸を張ることはできないという旨は、筆者自身が2023年2月17日の岸田首相との面会において、首相に対して直接強調している。

(10) TBS NEWS DIG「経団連・十倉会長　欧米に比べ遅れ『恥ずかしい』　LGBTQへの理解増進めぐる国内での進捗に苦言」2023年3月21日,(2023年4月9日取得, https://newsdig.tbs.co.jp/articles/-/388678?display=1).

法整備とSOGI
日本学術会議提言をふまえて

三成美保　追手門学院大学教授、奈良女子大学名誉教授

本稿では、日本学術会議法学委員会「社会と教育におけるLGBTIの権利保障分科会」(以下、LGBTI権利保障分科会) が出した2つのLGBT[(1)]提言を紹介し、法整備に向けた課題をまとめてみたい。なお、以下の分析や課題のまとめは、おおむねLGBTI権利保障分科会の議論と提言内容をふまえたものであるが、必ずしも同分科会の総意を得た見解ではなく、あくまで筆者の個人的見解であることをお断りしておく。

◉日本学術会議の二つの提言

日本学術会議をめぐる危機的状況とSOGI差別解消法の行方

日本学術会議 (以下、学術会議) は、210名の会員によって構成される国家機関である。戦前に学者が戦争遂行や兵器開発に加担した事実を重く受け止め、戦後、「政府から独立した機関」として発足した。「独立性」を担保するために、首相は形式的任命権を有するにすぎないとされてきたが、2020年9月、この大原則が突然損なわれた。会員候補者6名が理由を示されないまま任命を拒否されたからである。

会員人事への政府介入を認めれば、政府に批判的な研究者は、理由が示されないまま排除される恐れが強まる。その意味で、任命拒否された6名がいずれも第一部 (人文学・社会科学) 会員候補者であったことの意味は重い。学術会議第一部では、政府が放置してきた人権問題を積極的に取り上げる傾向が強い。SOGI (性的指向・性自認) 差別禁止のための法整備を考える時、学術会議の今後の組織改変は致命的な影響を及ぼしかねない。

日本学術会議法学委員会LGBTI権利保障分科会

学術会議では、2005年に導入されたコ・オプテーション方式（会員による相互推薦）により、女性や中堅若手などそれまでの学協会推薦では選出されなかった研究者が会員に選出されるようになった。学術会議の女性比率には政府数値目標が設定され、24期（2017年）に目標の3割を超えた。[(2)]

学術会議第一部には10の分野別委員会があり、女性会員比率が増えるとともに分野ごとのジェンダー系分科会が立ち上がった。社会学・歴史学・法学などである。しかし、LGBTの人々の権利保障を議論する分科会は存在しなかった。このため、2014年、筆者は法学委員会の中にLGBTI権利保障分科会を立ち上げ、2020年まで委員長をつとめて2つの提言作成に関わった。同分科会は現在も存続し、審議活動を続けている。LGBT提言をまとめるにあたっては、LGBT法連合会の皆さまに大変お世話になった。深く感謝したい。下記で紹介する提言は、全文を学術会議のウェブサイトで見ることができる。ぜひご利用いただきたい。

◉法整備の基礎とすべき考え方

尊厳としてのセクシュアリティ

2つの提言を発出するにあたり、前提とした考え方は次の3つである。これらは法整備にあたっても基礎とされるべきであろう。

第一に、セクシュアリティ（性のあり方）は人権である。今日、セクシュアリティには4つの側面があるとされる。（身体的な）性の特徴・性的指向・性自認・ジェンダー表現である。これらすべてを含めて、セクシュアリティは「ひとの尊厳に関わる人権」として保障されなければならない。

第二に、性のあり方が多数者と異なる人びとは「性的マイノリティ」やLGBT／LGBTQとして一括されることが多いが、現実にはきわめて多様である。性的指向と性自認を混同してはならず、例えば、法的性別を変更していないトランス男性がシスジェンダー女性と共同生活を送っている場合には同性カップルではなく、異性カップルである。また、とくにトランスジェンダーの外見やニーズは個人によって大きく異なる。

第三に、SOGIハラスメントはひとの生命を脅かす深刻なハラスメントである。提言では、LGBT当事者である子どもたちは自殺念慮が高いこと、アウティングがひとを死に追いやるとしてその深刻さを指摘した。厚生労働省「パワハラ指針」(2019年)にSOGI差別の禁止とアウティング禁止が盛り込まれたが、これでは不十分であり、ILO「仕事の世界における暴力及びハラスメントの撤廃に関する条約」(2019年)を速やかに批准し、ハラスメント禁止法を日本でも制定する必要がある。

21世紀の課題としての人権保障

国際比較と歴史をふまえ、専門的見地と学際的検討に基づきつつ、市民との対話を重ねて提言をつくるというのが学術会議ならではの強みである。LGBT提言も同様に、国際比較を通して、21世紀日本の課題を示すことに留意した。国際社会の動向をふまえると、日本における法整備にあたって留意すべきは次の3点である。

第一に、SOGI差別解消は21世紀の新しい国際的課題である。国際社会におけるLGBT権利保障は、性的指向に基づく差別の禁止の明文化とトランスジェンダーの脱病理化として進められている。

第二に、国際社会は二極化し、日本政府は二つの顔を使い分けている。国連人権理事会や人権諸機関がLGBT権利保障に向けて動いているのに対し、イスラーム諸国やロシアなどはSOGI差別を維持あるいはむしろ強化している。日本は人権理事会理事国として積極的にLGBT権利保障に賛成してきたが、国内では法整備に消極的である。このような消極的姿勢に対して、2014年、国連自由権規約委員会から包括的差別禁止法をつくるよう勧告を受けた。

第三に、LGBTの権利保障に向けた法整備の程度はジェンダー平等の推進と正の相関関係にある。LGBTIの法的包摂度はOECD諸国平均で53%、最高レベルがフランスなどの89%、最低レベルがトルコ・韓国・日本の25%である。LGBT権利保障はジェンダー平等施策と連携させて進める必要がある(OECDレインボー白書2020)。

◉二つの提言

第一提言「婚姻・教育・雇用の平等」

2017年9月に発出した第一提言では、婚姻、教育、労働という3大テーマを取り上げ、包括的差別禁止法の制定を展望した。内容は、以下の通りである。

①提言では、下記三分野の法整備を包括的差別禁止法に至る過程として位置づけた。日本が最終的に目指すべきは、差別解消のための根拠法の制定と包括的な法政策の策定である。差別禁止法には、性自認の尊重、身体に関する自己決定権の尊重、婚姻を含む共同生活の保障、教育上の権利保障、雇用・労働に関する均等待遇に関する規定を盛り込むべきであるとし、基本計画の策定、継続的な公的調査・白書作成などを求めた。

②民法改正による婚姻の性中立化、「性同一性障害者特例法」（以下、特例法）の名称変更と要件緩和が必要である。特例法については第二提言で本格的に論じている。

③教育について、修学支援・入学保障・在籍保障の三面にわたってLGBTである児童・生徒、学生の「学ぶ権利」を包括的に保障するためのガイドラインを策定することや、教科書の改訂、学習指導要領の見直しなどを求めた。女子大におけるトランス女性受け入れを課題として明記し、実際に根拠として利用された。

④雇用・労働については、ガイドライン策定、福利厚生、設備拡充などを求めた。事業者の取り組みは次第に整いつつあり、LGBTフレンドリー企業を顕彰するプライド指標も利用事業者が増えている。

第二提言「トランスジェンダーの権利保障」

第二提言（2020年）は、性同一性障害者という用語の廃止と特例法の法的性別変更要件の見直しを求めることを主目的とし、各分野におけるトランスジェンダーの権利保障に焦点を当てた。提言内容は3つである。

①トランスジェンダーの権利保障のために、国際人権基準に照らして、特例法に代わる性別記載の変更手続に係る新法の成立が必須である。特例法は2003年時点では世界標準であったが、その後の国際社会の急速

な変化にあわせて「人権モデル」にのっとった新法の成立が必須である。

②トランスジェンダーを含む性的マイノリティの人権が侵害されることがないよう、性的マイノリティの権利保障一般について定めた根拠法が必要である。

③日本も国連人権諸機関から求められている包括的な差別禁止法の制定を目指すべきである。性的マイノリティの権利保障法は、包括的差別禁止法の制定に向けた第一段階として位置づけられる。

トランスジェンダーの人権保障を考える時に重要なのは、「割り当てられた性別（指定された性別）」に対する配慮である。ひとは生まれた時の身体の特徴（とくに外性器の形状）に基づいて、親や医師などの第三者によって男女いずれかの性別を決定され、登録される。これが「法的性別」であり、日本では「戸籍上の性別」を指す。法的性別の自己決定が保障されるとすれば、法的性別変更とは、「第三者によって指定された法的性別を本人の性自認に即したものに改める手続き」とみなすことができる。その場合、性別変更手続きの要件として最も重視されるべきは「本人の持続的な性別違和感」であろう。

特例法は、法的性別変更5要件を定める。このうち、非婚要件と子なし要件は家族要件であり、生殖不能要件と外性器近似要件は身体変更要件である。これらはいずれも男女二元論に立つ異性愛主義の反映といえる。すなわち、特例法の要件緩和問題は、婚姻平等の問題と不可分なのである。

◉法整備に向けた3つの課題

子どものためにSOGI差別解消を――「家族主義」の弊害

21世紀日本は少子高齢社会を迎えている。EUではジェンダー主流化方針に基づき、多様な家族を保護する政策を展開して少子化を克服しつつある国が増えているが、日本はそうではない。21世紀日本で強まっているのは、親子の絆や家族の意義を強調する「家族主義」の言説である。これをひとまず「21世紀家族主義」と呼んでおきたい。

21世紀家族主義で想定されている家族は、戦後戸籍法の記載単位とされた「夫婦と子」からなる核家族、いわゆる「近代家族」である。近代家族は「標準世帯」とされ、戦後政策の基本単位とされた。近代家族は、法律婚主義・嫡出親子原理に基づく「法律婚夫婦とその間の嫡出子」を指す類型であるが、SOGI視点からはさらに「身体主義」と「異性愛主義」が加えられよう。

21世紀家族主義を支えるセクシュアリティ観はおよそ以下の3つの特徴をもつ。

第一に、ひとの性別の決定的指標を「身体的な性の特徴」に求める傾向が強い。その結果、男女二元論を採り、性の特徴は生まれた時に割り当てられた法的性別で証明済みとみなしやすい。

第二に、「あるべき家族」を、シスジェンダーが異性愛に基づいて法律上の婚姻関係を取り結び、そのカップルの間で自然生殖（困難な場合には生殖補助医療の利用を認める）によって嫡出子を設ける家族とみなしている。

第三に、LGBT権利保障は自助単位として完結すべき「あるべき家族」の崩壊を招くと考えている。自助単位として完結する家族とは、夫が戸籍筆頭者・世帯主・主たる納税者となり、妻は家計補助者としてパート労働をしつつ無償のケアワークを担うという性別役割分担が貫徹する家族を指す。

このようなセクシュアリティ観と家族像に依拠する21世紀家族主義は、現実に展開している家族の多様化を「危機」として否定する考え方と結びつく。21世紀家族主義が規範化する「近代家族」（核家族）は、1980年代には世帯類型の中で6割を占めていたが、今日では3割を切り、21世紀半ばには4分の１にまで減少すると見込まれている。家族の多様化を否定する言説の直接の被害者は子どもたちである。21世紀グローバル社会では、いかなる家族環境で育つ子どもたちも等しく処遇されるべきであり、尊厳を保障されねばならない。

宗教とLGBT

とくに近年、家族主義的立場から、LGBT権利保障を抑止する政治勢力として発言力を強めているのが、いわゆる「宗教右派」である。「宗教右派」の活動は世界的に認められるが、日本に関しては以下の3点に留意する必要があろう。

第一に、「宗教右派」という言葉には、厳密な学術的定義はない。「宗教右派」は、もともと1980年代アメリカのブッシュ政権を支えたキリスト教原理主義の超保守的集団を指したが、日本では2000年頃からいくつかの団体（例えば、神道政治連盟、生長の家、日本会議）を「宗教右派」と呼ぶようになったとされる。

第二に、日本では宗教的対立が身近でなく、「宗教右派」の存在やその影響力が必ずしも可視化されてこなかった。学校教育で「政教分離」原則を習うことで政治と宗教が分離していると錯覚しやすくなっているのに加え、多くの人は宗教に無関心である。しかし、2022年夏以降の統一教会問題は宗教勢力と政治との関係の危うさを社会が認識するきっかけになった。

第三に、そもそも日本の宗教は多様であり、セクシュアリティに対しても寛容であった。このような歴史を宗教関係者と協力しながら市民に伝え続ける必要があろう。キリスト教会の教義に従って18世紀まで同性間性交を火刑という極刑に処し、1970年頃まで刑法にソドミー罪（おもに男性間性交罪）を存続させたドイツでも、今日では同性婚支持を公言するカトリック聖職者が存在する。

トランスジェンダーの多様性への配慮

トランスジェンダーバッシングは、「トランス女性フォビア」に焦点化されている。近年イギリスなどでも、女性トイレなどの女性専用空間からは、ペニスをつけた者は排除されるべきという議論が強まっている。しかし、その際、3つの問題が無視ないし軽視されており、排除の論理が先行しているように思われる。

第一に、性暴力は、ペニスの有無などの身体的特徴と直接的に関係するものではない。トイレ利用に際して、外性器の形状など検査しようがない。そもそも性暴力は、性別を問わず、未遂を含めて刑法や迷惑行為防止条例違反に問われる犯罪である。レイプや強制わいせつは刑法で処罰されるべき性犯罪である。トイレの入り口で外性器をチェックしたり、露出したりするのは公然わいせつ罪に問われる。また、トランス女性を装って女性トイレに入ることは痴漢行為に当たる。

第二に、トランス女性を潜在的性犯罪者とみなすのは、男性一般を潜在的性犯罪者とみなすのと同じくらい非現実的であり、侮辱的である。トランス女性の身体的特徴も外見も、個人によって相当異なる。違法性の判断は、現実味のない一般論でなされるべきではなく、個別具体的になされるべきであって、トランス女性による女性用スペースの使用が妥当かどうかは、「当事者個々の具体的状況と、その女性用スペースの性質との相関関係による[(3)]」(仲岡しゅん弁護士)。法的性別が男性であってもきわめて女性的な外見のトランス女性は少なくない。一方、性自認が女性であっても、髭をはやしていたり、男性用スーツを着用していたりするトランスジェンダーが何の配慮もせずにいきなり女性トイレを使うとすれば、混乱が生じるのは当然であろう。しかし、そのような混乱が生じるのは、トランスジェンダーのゆえではなく、男性的外見のゆえである。

第三に、トイレや更衣室、風呂などの施設は、設置者の工夫によっていかようにも使いやすくできる。工夫を怠り、トランス女性を一方的に排除する論法は公正を欠く。施設の工夫にあっては、日常生活に不可欠なトイレと利用を任意に選択できる他の施設を同一に論じることはできないし、トイレのように個室空間が保障される場所と共同浴場のように裸体がさらされる場所とでは利用ルールが異なってしかるべきであろう。また、トイレに関しては、不特定多数が利用する駅・公園・商業施設などの公衆トイレと顔見知りが日常的に利用する職場・学校などでのトイレを同一レベルで論じるべきではない。近年、北欧の大学では個室トイレに切り替わっているという。日本でも、男女別集団トイレを残しつつ、最も使いやすい場所に個室トイレを設置した大学の例があり、利用者である学生の評判も上々と報告されている。性暴力被害者のトラウマへの配慮は必要であり、それは安全な個室トイレの設置という形で解決を図るべきであろう。

2021年5月、LGBTに関する課題を考える議員連盟（LGBT議連）が中心となってLGBT理解増進法を国会に上程しようとしたが、実現しなかった。東京弁護士会はこれを批判する会長声明を公表している（2021年6月）。セクシュアリティは人権であり、LGBT権利保障／SOGI差別解消は人権課題である。人権保障にあたっては、国家の不作為自体が人権侵害となる。人権保障からは「誰一人取り残してはならない」。婚姻平等も含めた速やかな法整備が求められる。

注

(1) 本稿では原則として「LGBT」という文言を用いる。ただし、学術会議分科会名やOECD文書に関しては国際的用法にしたがって「LGBTI」という文言を用いる。

(2) 筆者は、23～24期（2014～2020年）と学術会議第一部会員をつとめ、24期には副会長として科学者委員会男女共同参画分科会委員長などを担当した。

(3) 仲岡しゅん「法律実務の現場から『TERF』論争を考える（前編・後編）」（2020年8月27日、28日）https://wan.or.jp/article/show/9099#gsc.tab=0, https://wan.or.jp/article/show/9100#gsc.tab=0

参考文献

LGBT法連合会編『日本と世界のLGBTの現状と課題――SOGIと人権を考える』かもがわ出版、2019年。

神谷悠一・松岡宗嗣著『LGBTとハラスメント』集英社新書、2020年。

経済協力開発機構（OECD）編著（濱田久美子訳）『OECDレインボー白書――LGBTIインクルージョンへの道のり』明石書店、2021年。

鈴木賢著『台湾同性婚法の誕生――アジアLGBTQ＋燈台への歴程』日本評論社、2022年。

谷口洋幸編著『LGBTをめぐる法と社会』日本加除出版、2019年。

「特集：セクシュアリティとジェンダー」『日本ジェンダー研究』19号、日本ジェンダー学会編、2016年。

「特集2：セクシュアリティ」『ジェンダー法研究』5号、朝倉むつ子、二宮周平責任編集、信山社、2018年。

「特集：LGBT（性的マイノリティ）の権利保障――差別禁止法・理解促進法の動きと今後の課題」『ジェンダーと法』15号、日本ジェンダー法学会編、日本加除出版、2018年。

二宮周平編『性のあり方の多様性――一人ひとりのセクシュアリティが大切にされる社会を目指して』日本評論社、2017年。

二宮周平・風間孝編著『家族の変容と法制度の再構築：ジェンダー／セクシュアリティ／

子どもの視点から』法律文化社、2022年。
日本学術会議法学委員会社会と教育におけるLGBTIの権利保障分科会「（提言）性的マイノリティの権利保障をめざして――婚姻・教育・労働を中心に」2017年9月29日、https://www.scj.go.jp/ja/info/kohyo/pdf/kohyo-23-t251-4.pdf
日本学術会議法学委員会社会と教育におけるLGBTIの権利保障分科会「（提言）性的マイノリティの権利保障をめざして（II）――トランスジェンダーの尊厳を保障するための法整備に向けて」2020年9月23日、https://www.scj.go.jp/ja/info/kohyo/pdf/kohyo-24-t297-4.pdf
三成美保編著『同性愛をめぐる歴史と法――尊厳としてのセクシュアリティ』明石書店、2015年。
三成美保「『ケアとジェンダー』を問う意義」『ジェンダーと法』12号、2015年。
三成美保「セクシュアリティとジェンダー――性的指向の権利保障をめぐって――総論」『日本ジェンダー研究』19号、2016年。
三成美保編著『教育とLGBTIをつなぐ――学校・大学の現場から考える』青弓社、2017年。
三成美保編著『LGBTIの雇用と労働――当事者の困難とその解決方法を考える』晃洋書房、2019年。
三成美保「LGBTIの包括的権利保障をめざして――日本学術会議提言を中心に」LGBT法連合会（2019）所収。
三成美保「SOGI差別解消に向けた地方自治体の取り組み」『日本ジェンダー研究』22号、2019年。
三成美保「『女性のエンパワーメント』と『女性活躍推進』――ジェンダー平等をめぐる違いから」島田陽一・三成美保・米津孝司・菅野淑子編著『「尊厳ある社会」に向けた法の貢献――社会法とジェンダー法の協働』旬報社、2019年。
三成美保「マイノリティの包括的権利保障に向けた法的アプローチ」『日本労働研究雑誌』735号、労働政策研究・研修機構編、2021年。
三成美保「『近代家族』を超える：21世紀ジェンダー平等社会へ」二宮・風間編（2022）所収。
三成美保「大学におけるハラスメント防止体制の現状と課題」『ジェンダー法研究』9号、2022年。
ユネスコ（浅井春夫、艮香織、田代美江子、福田和子、渡辺大輔訳）『国際セクシュアリティ教育ガイダンス【改訂版】――科学的根拠に基づいたアプローチ』明石書店、2020年。

結婚の自由をすべての人に

中川重徳　公益社団法人Marriage For All Japan－結婚の自由をすべての人に、弁護士

性的指向・性自認に基づく差別における大きな問題として、法律上同性同士のカップルは婚姻ができないという問題がある。私たちMarriage For All Japan（マリッジ・フォー・オール・ジャパン）は、婚姻という、社会の中で重要な役割を果たしている法制度が、性のあり方に関係なく開かれた制度となるような法改正をめざして活動している。私たちはこのような法改正を「婚姻の平等」と呼んでいる。

◉法律が現実に対応していないことが問題

婚姻の平等を実現するために、法律上同性同士で結婚できないことは憲法違反であると主張する裁判が取り組まれている。裁判は2019年に全国5カ所の裁判所で起こされ、2021年3月には札幌地方裁判所が、現行法は憲法14条違反であるとする画期的な判決を言い渡した。その後、2022年6月の大阪地方裁判所は、原告側の憲法違反の主張を認めなかったが、同年11月30日の東京地方裁判所は、法律上同性のカップルに法律上の家族となる手段を提供していない点で憲法24条2項に違反する判決を下した。

そもそも、法律上婚姻することは私たちにとってどんな意味があるだろうか。

人は、人生の途上で人と出会い、さまざまな関係を築く。その中で、この人とともに生きていこう、生活をともにしようと考えることがある。そのときに、法律上男女であれば、法律上の婚姻という選択肢がある。しかし、同性同士では使えないのが現在の法律だ。しかし、人の性は多様である。性愛の意識が同性に向かう場合もあれば異性に向かう場合も

ある。性別についても、法律上の（身体的）性別と自分のアイデンティティが食い違う場合がある。その結果、この人と生きていこうと思った相手が同性である場合もあれば、異性である場合もあって当然なのである。問題は、法律がこれに対応していないことである。

性的指向が同性に向いたり、性自認が法的身体的性別と食い違うことも、いずれも人間の性の自然なあり方であるというのが現在の共通認識である。そして、憲法には、全ての人が個人として尊重されると定められている（憲法13条）。これは憲法のもっとも基本的な原理であって、全ての人がその人らしい人生を歩むことができる、それが社会の基本であり、国家のあり方の基本原理であると書いてある。しかし、現実には法律がそうなっていない。性的マイノリティについては、社会の人々の間で偏見や差別の意識が共有されるという問題もあるが、それだけでなく国の法律や制度、社会の慣行が偏見に基づいてできている、そして、法律や制度がそうした偏見を存続させ、強化している。差別をなくし、本当に全ての人が個人として尊重され、その人らしい人生を歩むことができるようにするためには、社会的に共有される人々の意識と、法律や法制度の両面を変えていかなければならない。

◉法律上の結婚が持つ意味

法律上の婚姻をすると、二人の関係は戸籍に記載され、必要な時に証明を得ることができ、社会生活上二人の関係を周囲に伝えることも容易になる。婚姻した者は互いに協力し助け合って生活する義務を負い（民法752条）、一方的に関係を解消することはできない。

他方、相続の権利（民法890条）や税金・社会保険負担の優遇等さまざまな利益があり、このように義務と権利の両面から二人の結びつきが強められ、本人たちの関係は心理的にも安定につながり、そのことを通して、性愛の充足や生殖と次世代の養育、病者や自立が困難な家族のケア、やすらぎと情緒の安定等が可能となり、社会的にも労働力の再生産、人口の維持、性愛のコントロール、文化的価値の創造と保持、地域活動等、家族が果たすさまざまな役割の基盤となる（二宮周平著『家族と法』岩波新書、2007年)。

以上の結果、望む相手との関係を婚姻制度のもとにおく選択肢は、人がその人らしい人生を送り幸福追求をする上で欠かせない重要性を持つ。最高裁判所も、憲法24条1項は「婚姻をするかどうか、いつ誰と婚姻をするか」が当事者間の自由かつ対等な意思決定に委ねられるべきことを定めており、この「婚姻をするについての自由」は「十分尊重に値する」と述べる(2015年12月16日、再婚禁止期間違憲訴訟大法廷判決)。

◉法律上婚姻できないことによる困難

反面、法律上の婚姻ができない場合には、遺言がないと財産をひきつげない、税金等で不利益に扱われる等さまざまな不利益に直面する。裁判の原告たちも、互いの子どもを一緒に育ててきたカップルの場合は、婚姻できないためパートナーの子どもとは共同親権（民法818条）とならず、学校や病院等で、家族関係の説明一つひとつに苦労し、子どもたちも自分の家族を先生や友だちにどう話すのか悩まされたという。東京訴訟の原告の女性は、パートナーとの子育てがもう終わるかという頃に乳癌が見つかった。とてもショックで不安だったが、病院でパートナーが一緒に検査結果や治療の説明を受けられるか等さまざまな不安に襲われた。癌というだけで心が折れそうなのに、なぜこんなことまで悩まねばならないのかと、歩いていて涙が止まらなかったと言う。

また、東京訴訟の男性原告の一人は、2年前仕事帰りに倒れ病院に搬送された。一緒にいたパートナーは、病院で自分を「パートナー」と伝えたのに、医師は「血縁者でないと病状を話せない」と言い、その医師が本人の妹に電話で病状を伝えている間、パートナーは一人で待つしかなかった。1カ月後この原告は亡くなったが、パートナーは遺体安置所の受付名簿に自分を「知人」と書いた。万が一にも関係者の中に偏見を持った人がいて最期のお別れが妨げられては困ると思ったからだと言う。

別の原告は、職場では独身ということになっていたため、パートナーの母親が亡くなった時に忌引きが使えず、また、お通夜等を手伝ったところ「あの人は誰？」と言われ深く傷ついたと述べる。日本の社会でも、既にたくさんの同性カップルが男女の夫婦と変わりない生活をしてきたし、今もしているのに、法的に家族でないために切実な法的利益を奪われ、かつ、日々尊厳を傷つけられているのである。

◉G7で同性同士を家族と認めないのは日本だけ

隣の台湾では、2017年に憲法裁判所に当たる司法院大法官会議が同性同士の婚姻を認めない当時の法律が台湾の憲法に違反するとの判断を下し、今では、同性同士の婚姻が実現している。G7（日本、アメリカ、カナダ、フランス、イギリス、ドイツ、イタリアおよびEU）の中で、国として法律上同性同士を家族として認める制度がないのは、日本だけである。ほとんどの国がもう婚姻そのものを認めている。イタリアは国としてのパートナーシップ制度の段階であるが、日本の自治体によるパートナーシップ制度とはまったく違い、相続等法的な権利がフルスペックで伴う制度である。

日本でも、2015年前後から、性的少数者の困難を社会全体の問題と受け止め、解消していこうという動きが始まった。最も特徴的な動きは2015年に始まった自治体のパートナーシップ制度である、今では日本の人口の3分の2が利用できるところまで広がっている。

企業でも、法律上同性同士の婚姻を認めるべきだ、それに賛成だと表明する企業や、同性カップルを家族として認める企業がどんどん増えている。日本を代表するような大企業が名前を並べている。婚姻平等への支持をはっきり表明している企業が300を超えている。

◉政治が変わらなければ

このように、法律上同性同士で生きる人々を、自治体も家族として認めようとしている、企業も認めようとしている。しかし国の法律だけが変わらず、家族として認めない。これが問題である。国の政治と法律が変わらなければいけない。

実は、自民党の支持者の中でも、2017年には「同性婚」の法制化に賛成する人の割合は24%だったが、2021年の調査では賛成が57%となった。

自民党支持者でも6割近い人が賛成している。既に日本の社会と人々の意識は変わったのである。

歴代の首相は、「性的指向・性自認を理由とする不当な差別や偏見はあってはならない」、理解を増進しようということは政府の方針であり自民党の公約だと答弁する。しかし、では、婚姻制度についてはというと、「我が国の家族の在り方の根幹に関わる問題であり、極めて慎重な検討を要する」という答弁を繰り返して一歩も進まない。判で押したような答弁である。これを、裁判、司法の力とみんなの声で突破しようというのが今私たちMarriage For All Japanが取り組んでいることである。

前述の通り、2019年の札幌地裁の判決と、2022年の東京地裁の判決は現行法が憲法に違反すると判断した。2022年の大阪地裁判決は、残念ながら憲法違反とは言ってくれなかったが、この判決を含め、3つの判決全てが、「結婚という制度が使えるかは人の尊厳に関わる問題であること」を指摘し、「現時点のわが国においては、同性愛者には、同性間の婚姻制度どころか、これに類似した法制度さえ存しないのが現実であり、その結果、同性愛者は、〔…〕婚姻によって異性愛者が享受している種々の法的保護、特に、公認に係る利益のような重要な人格的利益を享受することができない状況にある」（大阪判決）等と指摘する（憲法24条1項が同性間の婚姻を禁止しているわけではないことは3判決とも当然の前提であり、裁判で国ですら主張していない）。そして、本書校了直前の2023年5月30日、名古屋地方裁判所は、現行の民法等は、同性カップルに対し、その関係を国の制度で証明し、また関係保護に必要な効果を生じさせるための枠組すら与えていない点で、憲法24条2項及び同14条に違反するとして、札幌、東京各地裁に続き三つ目の違憲判決を言い渡した。司法の場の議論と判断はもうここまできている。

婚姻という、誰でも知っている、子どもでも知っている制度が使えないことはスティグマ（烙印）を生み出している。生きづらさをつくっているこの社会の仕組みを法律が支えてしまっている、正当化しているという問題がある。

◉神道政治連盟のパンフレットについて

私は1988年に弁護士登録した後、1991年から同性愛者の団体が東京都の青年の家の利用を拒絶された府中青年の家訴訟に代理人として関わり、その後、2003年からは、性教育に対する攻撃に反撃するための裁判を担当した。今、婚姻の平等を求める「結婚の自由をすべての人に」の裁判の代理人を務めている。このような経験から申し上げると、第一に、神道政治連盟が発行して問題になったパンフレット、あるいは統一教会などの宣伝で書いている攻撃の内容は、事実を徹底的に無視するのが一つの特徴である。いくつかの事例をふりかえってみたい。

2003年前後に全国の性教育の実践が攻撃され、子どもたちの教室や学校の図書室から、性に関して子どもたちが当然学ぶべき図書が消えた。たまたま私の子どもが小学生だったが、その学校でもある日忽然（こつぜん）と消えた。

また、東京都立七生（ななお）養護学校（東京都日野市）の事件は典型的事例だった。知的障害のある子どもたちの学校だったが、子どもたちの中には、家庭の養育困難や虐待等によって愛情を一番必要とする時に愛されなかったつらい成育歴を持った子も少なくなかった。自己肯定感が十分持てていなかったり、「やさしさ」を求める気持ちから、性行動に走る場合があった。教師たちは、それをどうしたらよいかということで、子どもたちが自己肯定感を持っていける、人間関係の基本を教室の中で練習したり実感できるようにと、さまざまな教材を作っていった。

それに対して、産経新聞と一部の地方議員が一緒に学校に押しかけ、普段は使わないような形で教材の人形の性器の部分を丸出しにして撮影し、「アダルトショップみたいだ」と攻撃した。その性教育の実践が「過激」であり、「これは新たな革命運動のためにやっているのだ」と攻撃した。

それまでも、性教育に対する攻撃はあったが、以前は教育委員会は防波堤になり、まがりなりにも現場を守る役割を果たしていた。しかし、2003年の攻撃の際には屈服してしまい、行政が一緒になって現場を攻撃した。教員を「厳重注意」処分とし、教材を没収し、教育実践を歪めて攻撃する報告書を作成してカリキュラムを変更させた。教師たちは健康を壊し、心を壊し、大変な思いをしたが、最大の被害者は性教育を奪われた子どもたちだった。

しかし、裁判では、教育実践も教材も子どもたちの現実から出発したものであり、性教育の進め方も学校全体で保護者の理解を得ながら進められたものであって、学習指導要領に照らしても何の問題もないとされた。さらに、学校に押しかけた議員の行為は教育基本法の禁ずる「不当な支配」であり、それを阻止しなかった不作為と教員に対する処分が違法と判断された。

現在、婚姻の平等について神道政治連盟のパンフレットが言う内容もこれら過去の事例と同根である。「同性愛は依存症」だと書いてあるが、性について正面から話したり考えることに慣れていない、あるいはセクシュアル・マイノリティの人々に接することに慣れていない人が、そうしたパンフレットを見ればそう思ってしまうことにつけ込んで嘘を言う、そういう印象操作が特徴である。

私は、こうした攻撃は、民主主義を歪めると言いたい。先ほど紹介したように、自民党支持者のうちでも6割近くはすでに婚姻平等に賛成である。それにもかかわらず、自民党の政府がなぜ動かないのか。それは、自民党の絶対得票率は傾向的にずっと下がっているからである。そうした中で、統一教会の協力を求めてきたのだ。そのために、自民党支持者の6割が賛成していても、「慎重に、慎重に、慎重に」と言うばかりで、答弁は一歩も変わらない。困っている人の声を聞き、その声に向き合い、問題を研究して、解消のための施策を考え、実現するのが政治の仕事だ。政治家がそうやって力を発揮すれば、喜ばれるし、社会もよくなる。それは、党派を問わない政治の基本であり、民主主義の基本だと思う。

◉裁判の今後

現在、5つの裁判所で裁判を行なっているが、どの裁判所でも、原告本人の尋問を一日かけて行い、それをもとに裁判官は判決を書いている。東京訴訟を最初に担当した裁判長は「原告の尋問は必要ない」という方針だったが、みんなで手紙を書き要請する中で、裁判長が交替して尋問が実施された。婚姻できないことでどういう困難があるのか、どう尊厳が奪われているのかを裁判官はしっかり聞き、それが判決の大前提になっている。憲法違反という結論までいくかどうかで結論は分かれたが、どの判決も、人の尊厳に関わる問題であり、きわめて重要な問題だと述べている。

では何が結論を分かれさせたのか。婚姻とは一言で言うと生殖のための制度だと大阪地裁の判決は述べた。しかし、明治時代の民法学者の本を見ても、どの本にも婚姻を生殖のための制度だなどと考えてはいけないと書いてある。明治民法の注釈書では、子どもを産む能力がないと婚姻できないなどというのは、「我民法の精神を得たるものにあらず」（原典は旧仮名遣い） つまりおよそ民法の趣旨を理解しない考え方だと言っている（熊野敏三・岸本辰雄合著『民法正義人事編　巻之壹』192頁、新法註釈会、1890年）。

当時は同性婚が問題になったのではなく、子どもが産めない、産まない男女が結婚できるかという問いだった。それはダメだというのは間違った考えだと、婚姻は二人の関係を保護するものだと、その後の教科書にも書いてある。「婚姻は生殖の制度だ、だから同性同士は婚姻できないのだ」というのはまったく不合理な理屈で、必ず押し返せる。みんなの声を大きくして、私たち法律家も理屈の面で頑張れば、結論は見えている。

最高裁で明快な違憲判決を何としても勝ち取るつもりで裁判を行っているが、万が一そうならなくても、方向性と結論は見えている。必ず実現はする。問題はその時期だ。人生は有限で、原告をはじめ当事者の皆さんも3年先より1年先がいいし、1年先より今年がよい。亡くなっていく命もあり、なくなっていく時間もある。どう早く実現するかが問題なのだ。

◉必ず変わる

私はこの社会は当事者の努力とアライ（支援者）と、専門家や行政が力を合わせることで必ず変わると思っている。その根拠は、宝塚大学の日高庸晴先生が行った調査である。10代で家族にカミングアウトした人が、1999年、ちょうど「府中青年の家」裁判が終わった2年後には9%だったのが、2005年には11%、2016年の調査では22%になっている（2017年3月3日、朝日新聞デジタル「性的少数者、生きづらさ鮮明　72%『差別発言聞いた』」）。今では3倍近くになっているだろう。このように、若い人が自分の人生を自分らしく生きていきたいという思いから、ある意味で一番大変なハードルである親にカミングアウトをする数が増えている。ここに希望があり、この希望に応えるように、それぞれの立場で頑張らなければいけないと思っている。

1987年に出された『女を愛する女たちの物語』（別冊宝島64、宝島社）には、同じ家族なのになぜ法的な扱いが違うのか、その法的な扱いが同じであれば、別れずに済んだ人がどれだけいるか、命や希望を失わずに済んだ人はどれだけいるかという、レズビアンの方々が行った当事者300人ほどのアンケートが紹介されている。

多くの人々が、社会の差別や困難に直面しながらも、おかしいのは社会だ、いつか必ず変わるはずだと信じて、長くみんなでバトンをつなぎながら取り組んできた。周りの方も応援してきた。そうやって、今、私たちは、具体的な制度として自治体の制度や取り組みを獲得した。多くの企業でもパートナーシップ制度を獲得している。次は、国の法律を変える段階にきている。その取り組みも始まっている。差別をなくす法律と、その一環として法律上の婚姻ができる法律の改正を獲得していく時代を私たちは生きている。対話しながら一緒に進んでいきたい。足を引っ張り合うことなく、お互いの努力を認め合うことが大切と思う。当事者の皆さんと心ある人々の努力で、婚姻の平等が実現し、公正な社会が実現していく。私たち法律家も、その一端に力を尽くすことに誇りを感じて取り組んでいる。皆さんと力を合わせられればと思う。

LGBT法連合会の活動と法整備の課題

原ミナ汰 LGBT法連合会 前代表理事/現顧問

◉LGBT法連合会の設立経緯とこれまでの活動

2015年、任意団体として設立されたLGBT法連合会は、2020年までのおよそ5年間で100団体以上の賛同団体を擁する大きな組織となった。一般社団法人として正式発足した2020年以降、2023年5月1日までの団体会員数は102にのぼり、現在も増え続けている。理事は定員6名で2年ごとに改選される形だ。

当会の主たる活動は全国の賛同団体から当会に寄せられた困りごとや相談事例をもとに、今後どのような政策が必要かを検討し、国に意見を届けることだ。各省庁や議員連盟はもちろん、個々の議員諸氏に向けて超党派的にさまざまな政策提言を行っており、政策を導入するにあたっての予算化要望を毎年提出している。

◉LGBT差別禁止・平等法の導入に向けて

表面上はLGBTについての理解が進んだように見えるが、実際には家庭・学校・職場で「男らしくない」、「女らしくない」、「同性が好き」などの理由によるいじめや嫌がらせは未だ多発しており、心ない噂話に傷ついたり、度重なる拒絶で不安障害を発症したりして、自ら命を絶つ人もいる。そんな中、「性的指向、性自認等による差別」に赤信号を灯すことを法に定めることで大きな抑止力が働き、一定の防止効果が期待される。また、法律が施行されれば、実際に差別が起きた場合に救済の必要が生じるため、国や都道府県レベルで相談支援体制が整い、地域格差の解消が一定程度期待できる。

◉「LGBT理解増進法案」上程ストップはなぜ

2021年6月に閉会した第204通常国会で「性的指向及び性自認の多様性に関する国民の理解の増進に関する法律案」(「LGBT理解増進法案」)がなぜ上程されなかったか。それは、「差別は許されない」という言葉が入っていたために、「こんなものを入れていいのか」という議論が出てきたからである。例えば、同性カップルが神社で挙式するのを神社が拒否した場合、訴訟になってしまうのではないか、行き過ぎた訴訟が頻発するのではないか、男が女湯に入ってくるのではないか、という荒唐無稽な不安をあおる意見であふれかえり、上程がストップしてしまったと聞く。衆議院法制局も、そんなことはないと明言しているが、なかなか一筋縄ではいかないところだ。

現実には性別をすでに変更したのに、未だに職場で変更した性で扱ってもらっていない例や、かつて変更したことを知られて、戸籍抄本などを職場などに提出した場合に、差別的な対応をされるなど、明白な差別といえる事例はたくさんある。パートナーシップを結んだ同性カップルが証明書を見せたらかえって差別された、という相談も寄せられている。そういう意味でも、やはり差別禁止法が必要であることは紛れもない事実である。

◉「性自認」という言葉

ジェンダー・アイデンティティを表す場合に、「性同一性」という言葉と「性自認」という言葉のどちらを使うのかという議論も出てきた。

「性同一性」という言葉は、ジェンダーを「性」と訳し、アイデンティティの訳語である「同一性」をつけた形だ。本来、アイデンティティとは、「自分が自分であり続けること」を示す言葉だが、上に「性」をつけたことで、個々人の性意識ではなく、「男性集団もしくは女性集団への同一化(帰属意識)もしくは同化」と混同されがちになり、「性同一性障害」とは「男女どちらにも同化できない状態のことだろう」という誤った認識が生まれてしまった。そこで「個々人が自らの性をどう認識するか」という、より判りやすい言葉として普及したのが「性自認」である。

現在は医学、社会学、自治体条例などでも「性自認」という言葉が広く使われるようになったが、今それをまた「性同一性」に戻そうという議論がある。なぜそこにこだわるのだろうか。思うに「性自認」を使うと、本人が自分の性をどう認識しているかという、ある種、主観的な性別決定が想起されるのに比べ、「性同一性」には「より客観的な響き」があり、本人の自己認識より、専門家の意見のほうを尊重しやすいニュアンスがあるのかもしれない。「自己申告だとみんなが勝手なことを言い出すから」と予防線を張っているのであろう。

私自身は、性を「男／女」と二項対立的にとらえないXジェンダー、ノン・バイナリーの立場から、男女二分法に極端にこだわる社会に対しては危惧を持っている。ようやく「性は多様であり、スペクトラムである」と言われ始めたわけだが、管理上の性は明確に二分され、グラデーションでもスペクトラムでもないのが現実だ。

性別表現、身体の性別、性自認、性的指向のいずれもが、ある意味自然の産物であり、意志では変えにくいのに比べ、戸籍制度や法律は人為的な分類であり、変更も可能だ。だからこそ多様な人々を受け止められる制度にしてほしい、というのが私たちの願いである。

◉LGBTやSOGIという言葉を使う理由

私が代表を務める「NPO法人 共生社会をつくるセクシュアル・マイノリティ支援全国ネットワーク」(共生ネット)は、2008年から「セクシュアル・マイノリティ」という言葉を選んで使っていた。しかし、LGBTという言葉も必要だ、と思ったこともある。

2000年代までは、ゲイ男性のみの団体、レスビアンのみの団体などはあったが、多くはそれぞれ別々に活動していた。その後、性同一性障害者特例法ができて、トランスジェンダーという言葉が知られるようになったが、ここでも性別の壁が邪魔をして、つながり合うのが難しかった。その難しさを払拭するには、横のつながりが大事だと感じた。トランスジェンダーは性自認に困難を抱えるが、実際は性的指向のマイノリティでもあり、ゲイやレズビアンと一緒に活動しようではないか、という動きが始まった。そこで、「SOGI」という考え方が必要となったわけだ。

今は当然のように、いろいろな性的指向・性自認の方々と一緒に活動できるようになっているが、かつてはそうではなく、とても細分化されていた。日本のどの社会活動もそうなりがちなので、無理もないことだ。

◉トランスジェンダーへのバッシング

今、トランスジェンダー＝性犯罪者のような、あるいはその予備軍であるようなことが言われている。私たちも若い頃、同性愛者は性犯罪者であると言われ、親に同性愛者であることをカミングアウトすると、まるで犯罪を犯したような扱いを受けたものだ。現在のトランスジェンダーへのバッシングはそれと変わらない。いつも誰かを黙らせようとする時は、そうやって社会悪と同一視して偏見をあおるからだ。

若い頃から性暴力に悩み、性暴力の防止やサバイバーのサポートに取り組んできた者の一人として、そう言う人には、「あなたは性犯罪を減らすためにこれまで何をやってきましたか？」と問いかけたい。何もしていない人たちがそういう時だけ「性犯罪だ」「性犯罪者予備軍だ」「それを防止しよう」と言い出すのは危うい証拠だ。

◉旧統一教会をはじめとする宗教的不寛容に関して

今問題になっていることは、私が若い頃この世の中で社会通念だった。例えば、かつてはかなりの人が「同性愛は単なる趣味」「矯正すべきこと」だと思っていた。それが次第にさまざまな調査・研究・啓発で「間違った認識だった」と変わってきた。しかし、頑として変わらない、変わりたくない、認めたくないコアな層がいる。

しかし、これは人ごとではないと感じている。

今、特定の宗教関係者が信じていることは、あっという間に社会通念になっていく。そういう時代に私たちは暮らしてきた。

なぜ新興宗教がそれほどの大きなうねりになるかというと、一人ひとりが自助努力を迫られ、「あなたの問題は自分で解決しなさい。家庭内で解決しなさい」と強いプレッシャーを受けているからで、そういう無理が宗教に救済を求めることにつながる。何がよくて何が自分にはよくないかの見極めが難しくなっていくのだ。

これはLGBTQだけの問題ではなく、日本の国でどうお互いに助け合って暮らしていくかという問題なのだと感じている。

◉コミュニティ同士の連携

今後力を入れていきたいことは、コミュニティ同士の連携である。これまでは、一般社会にはさまざまなコミュニティがあり、それに加えて「LGBTQコミュニティ」がある、というような限定的な考え方が主流だったが、実際は大小さまざまなLGBTQコミュニティが、それぞれ対等な形で一緒に、あるいは別個に活動しており、今や多様なLGBTQコミュニティ同士が相互に連携していく必要があることは明らかだ。当事者とアライ（支援者）がどう協力体制を組むか、自助活動や交流会をいかにサポートするか、自治体との連携をどのような形で築いていけばよいか、なども検討が必要である。また、「婚姻の自由訴訟」や「雇用差別訴訟」、プライドパレード等のイベントなどとの連携を、どうつくっていくかの議論も始まっている。

◉日本学術会議の提言

この間、差別禁止法を後押しする動きとしては、日本学術会議の提言がその機能を果たしてきた。これからの日本をどういう国にしていきたいかを議論し、多様性を尊重した社会をつくっていくことが肝要だと謳うこの提言は、性同一性障害者特例法に代わる新法の導入にまで踏み込んでおり、われわれ当事者よりも一歩も二歩も先にいく議論を展開している、当事者にとっても学びの多い提言である。実際、女子大学の入学規定に生かされているこの提言は、まさに羅針盤の役割を果たしているといえる。

◉国際社会とLGBTQ

国際機関も重要な役割を果たしている。国連の独立専門調査員ヴィクトル・マドリガル＝ボルローズ氏（コスタリカの法学者）は、世界中を回って各国におけるLGBTQの状況を調査している。また、女子テニスの往年の名選手であり、かつては夫の苗字で「キング夫人」と呼ばれていたビリー・ジーン・キング氏も、その後レズビアンとしてカミングアウトし、人権擁護活動に注力している。加えて、2023年5月には日本が議長国となり2023年Ｇ7広島サミットが開催されるが、このＧ7に向けて、各国の首脳のみならず、ビジネス界の集いであるＢ7、各国の市民社会代表が集うＣ７（Civil7）、７カ国の労働組合の代表などが集うＬ７（Labour7）、世界中から女性団体が集うＷ７（Women7）など、正式なエンゲージメントグループとして毎年それぞれのサミットを開催する。

今回、日本のフェミストたちが主催したW7は、すべての分野を横断するテーマとして、「ジェンダーに基づく不平等と差別の交差性と複合性」の観点から、多様なSOGIESC（性的指向・性自認・ジェンダー表現・性的特徴）の人々への影響が大きく取り上げられ、またC7とW7が、LGBTQIA＋を支持する共同コミュニケを発表して、日本における「LGBT法」制定を後押ししている。

これらの集いには、7カ国のみならず「グローバルサウス」と呼ばれる新興工業国からの代表も参加しており、世界中がこの7カ国の首脳の一挙手一投足を見守っていますよ、との姿勢を示しながら、さまざまな提言を盛り込むように要望する場となっている。とくに今年は、元首相秘書官の差別発言に呼応するように、日本のLGBTQの人々が主体となって組織したＰ７（Pride7）の集いが初開催され話題を呼んでいる。

以上のような国際社会の応援もあって、国内でのSOGIに関する法制度を求める声は、いまだかつてないほど市民社会に広がっており、あとは現政権がどれだけ市民の声を反映した法制度を通せるかにかかっている。G7 開催前後の動きに注目したい。

第2部

教育とSOGI

教育とSOGI
大学の現状と課題

三成美保　追手門学院大学教授、奈良女子大学名誉教授

「教育とSOGI」という問題につき、大学教育では大きく2つの動きが認められる。(1) SOGI差別解消に向けた認識の高まりと、(2) 女子大学におけるトランス女性受け入れの広がりである。本稿では、(1) については日本学術会議によるアンケート調査結果を参照し、(2) については筆者が副学長として関わった奈良女子大学におけるトランス女性の受け入れの経緯と今後の課題について述べたい。後者 (2) に関して、論点整理等はあくまで筆者の個人的見解であることをお断りしておく。

◉大学におけるSOGI差別解消の取り組み
SOGIハラスメント防止とLGBT学生支援

近年、SOGIハラスメント防止とLGBT学生支援の取り組みを進める大学が増えてきた。ダイバーシティ推進宣言を公表し、ジェンダー平等とLGBT支援を両輪として取り組みを進めている大学も登場している。プライド指標（職場におけるLGBTQ+への取り組みの評価指標）のゴールドを取得している大学も複数ある。しかし一方で、ジェンダー平等の推進拠点すら設置していない大学も少なくない。大学ごとの取り組みの特徴を全国規模で受験生に提供するWEBサイトも存在しないため、比較の手がかりは乏しい。

SOGI施策に関する大学の二極化傾向と消極的姿勢は、国の高等教育政策のあり方を反映している。大学教育におけるLGBT学生支援／SOGIハラスメント防止について国の方針が明示されているわけではなく、大学の取り組みが教育機関として必須とされているわけでもない。文部科学省は、初等中等教育機関向けに2015～16年にLGBT児童生徒への

配慮通知を出したが、大学に対しては自主性に任せるとの立場から特段の通知は出していない。ジェンダー平等施策でもSOGI施策でも、国立大学の取り組みの方が公立大学・私立大学よりも進んでいる。国立大学では、国の男女共同参画推進方針を積極的に大学運営に反映することが求められるからだと思われる。一方、ハラスメント防止は労働法（1997年男女雇用機会均等法）に属し、教育法制に直接の規定はない。文部省が定めたハラスメント防止規程（1999年）はそもそも国立大学を対象としたものであり、公立・私立大学は同規程を参考に取り組みを進めている現状である。SOGIハラスメント防止はパワハラ防止法ガイドライン（2019年）で明記されたが、これも労働法であって、大学に事業者としての対応は求めるが、教育機関としての対策を義務づけるものではない。

◉大学等のSOGI施策と研究者の意識

日本学術会議科学者委員会男女共同参画分科会では、2019年に大学における男女共同参画の推進状況について全国アンケートを実施した。同アンケートは大学と研究者の双方に実施し、単純集計結果は全国ダイバーシティネットワークのウェブサイトで公表されている*。目下、学術会議として提言を準備中である。同アンケートは、SOGI施策に限定して尋ねたものではないが、以下の点で興味深い結果が得られた（三成2022：111－113ページ）。

第一に、全体として大学等におけるLGBT支援施策や研修はあまり進んでいない（**図表1**）。2019年時点で、SOGI差別禁止やSOGIハラスメン

図表1　大学におけるLGBT支援・研究の取り組み

設問に対する「はい」の回答比率（%） 大学数は回答大学数を指す：小数点以下は四捨五入	全体 310校	国立 73校	公立 45校	私立 180校
4－（12）【支援施策】貴大学・貴法人は、性的指向や性自認（SOGI）に基づく差別の禁止やLGBT（性的マイノリティ）の支援に取り組んでいますか？	38%	63%	28%	31%
4－（13）【研修】貴大学・貴法人は、2017～2018年度に、SOGI差別解消／LGBT支援に関する教職員研修や学生向け講演会・授業等を実施したことはありますか？	44%	69%	33%	37%

（出典）三成2022：112ページ、一部改変（小数点以下を四捨五入し、回答学校数を追加。ただし、全体には「その他研究機関12」を含む）。

ト防止に特化したガイドラインの策定は全体で2.7%にすぎず、ハラスメント防止ガイドライン等にSOGIハラスメント禁止を明記している大学等が全体で14.8%（国立は23.3%）にとどまった。

第二に、通称名使用（トランスジェンダーに限定されるわけではない）については、「本人が望むすべての場面で通称名使用を認めている」大学は27%、一部で認めているのが全体で32%であった。全場面で通称名使用を認めているのは、私立大学が30.6%と多く、国立大学の過半数（53.4%）は一部認容であった。

第三に、LGBT支援に対する教員の賛意は高い。アンケートの研究者調査によれば、方針公表・研修実施・授業・トランスジェンダーへの配慮・アウティング禁止のいずれについても肯定的回答が高い率を占めた。とくに女性の賛成度が高い（図表2）。

図表2　大学等におけるLGBT支援のために、どのような取り組みが必要と思うか

番号	「そう思う」「どちらかと言えばそう思う」の合計（%） （　）内は「そう思う」の回答（%）小数点以下は四捨五入、人数は回答者数	女性 3977名	男性 5994名	性別を決めていない・答えない 134名
1	性的指向や性自認（SOGI）に基づく差別を禁止する旨やLGBT当事者を支援する旨などを大学等の方針として公表すべきである。	85% （55%）	76% （43%）	81% （56%）
2	LGBT当事者を講師に招いて、研修会・講演会等を実施し、教職員・学生の理解増進をはかるべきである。	77% （40%）	65% （27%）	67% （36%）
3	授業等で積極的にSOGI／LGBTに関する事項を取り上げ、学生の理解増進をはかるべきである。	77% （41%）	61% （25%）	67% （34%）
4	トランスジェンダーが望む通りの性別での勤務・就学を認めるべきである。	90% （59%）	78% （40%）	85% （62%）
5	アウティング（本人の同意なく性的指向等を他者に暴露する行為）の重大さについて周知徹底するべきである。	92% （70%）	86% （55%）	90% （72%）

（出典）三成2022：112ページ、一部改変（少数点以下を四捨五入、回答者数を追加）。

◉トランス女性の女子大学への受け入れ

トランス女性受け入れの経緯

日本の女子大学でトランス女性の受け入れが議論され始めたのは、

2017年からである。日本女子大学での検討開始を伝える朝日新聞記事(2017年3月19日)とそれに引き続いて実施された朝日新聞での全国女子大学アンケート調査は取り組みへの意識を高めた。奈良女子大学でも学内に検討組織が設けられたが、日本全体で目立った動きがあったわけではない。2017年時点では、女子大学でトランス女性を受け入れることは女子大学の自己否定につながるとの懸念が強かったと思われる。

もともと、奈良女子大学・お茶の水女子大学・日本女子大学・東京女子大学・津田塾大学の5つの女子大学にはアフガニスタン支援のコンソーシアムがあり、それを活かして情報交換がなされていた。トランス女性受け入れについても5女子大学で足並みを揃えようとの動きもあったが、結果的には2018年夏、お茶の水女子大学がトランス女性受け入れを表明し、一挙に動きが加速した。奈良女子大学は2019年夏に受け入れを表明し、2つの国立女子大学はそろって2020年4月にトランス女性の受け入れを開始した。

条件整備と配慮

最大の課題は、トランス女性の具体的な受け入れ条件と手続きを整備することであった。奈良女子大学の場合、条件整備として主に以下の5つを決定した。

第一に、トランス女性受け入れは国立女子大としての責務として位置づけるとの方針を定めた。奈良女子大学の学則(第66条「学部に入学することのできる者は、次の各号のいずれかに該当する女子とする」)を変えることなく、「女子」の解釈を拡大したのである。奈良女子大学ウェブサイトでは以下のように説明されている。「社会における女性の知的自立と知的展開能力の獲得を基本理念とし、時代状況や社会の変化に柔軟に対応することを目指してきた奈良女子大学は、『性/性別』の定義が大きく変化している国際的動向に照らし、これまでの『女子』の概念を拡大して『女性としての性自認を持つトランスジェンダー女性(MtF)』を受け入れることとします。このように、自らの性を『女性』と自認する者に学ぶ権利を積極的に保障することは、国立大学法人たる女子大学としての責務であると考えます」。

第二に、受け入れ手続きとして事前面談を設定することを決めた。志願者に対しては、入学願書を出す前に事前面談を受けることを求めた。事前面談にあたっては、性自認に即した生活を望んでいることを証明する書類の提出を求めた。医師の証明書、学校や勤務先が出す証明書、本人の説明書でもよいとしたが、本人説明書には家族2名の署名を要するとした。トランスジェンダーにとって最もハードルが高いのは家族との懸念もあったが、最初からいきなり本人の性自認のみとすることには慎重論が多く、将来的には本人の性自認だけでよいとする方向を目指すことにした。また、事前面談は入学判定を伴わないことを徹底した。事前面談は、あくまで大学が提供できるサービスについて説明し、納得してもらうための機会と位置づけ、事前面談希望者の情報が入試委員会や教授会などの合否判定会議にいっさい漏れないように配慮した。

第三に、トランス女性受け入れ開始後、数年間は事実上「試行」という位置づけとし、要件や手続きを調整することも視野に入れた。このため、トランス女性は当面は（したがって今後変更の可能性はある）寮に入ることを認めないとした。勉学空間である大学と生活空間である寮とでは条件が異なると考えたためである。

第四に、学生生活上の配慮として、トランス女性の相談に応じるため、新たに専門員の配置を決めた。専門員はジェンダー研究者を中心に教員にお願いし、必要に応じて学生特別支援室がサポートに入ることとした。学内書類は卒業証書も含めてすべて戸籍上の氏名や性別に関わりなく、本人が申し出た通称名と性自認に従って記載されるとした。通称名使用は既存の手続きであるため、ほとんど混乱は生じなかった。

第五に、志願者のプライバシーに配慮し、事前相談者が実際に受験・合格・入学したか否かは、いっさい公表しないこととした。当然ながら、トランス女性は自己の性自認に関する説明義務を負わない。探索も禁止した。本人からの要請がない限り特段の支援は行わないので、トランス女性の存在は書類を管理する当該事務以外は学生にも教員にも分からない。ただし、トランス女性のエンパワーメントという意味を込めて、事前相談があったことは公表してよいと決めた。実際に複数の相談があり、ニーズはあったと考えている。

◉周知方法と今後の課題

トランス女性受け入れを最終決定するに先立ち、教職員向けと在学生向けの説明会や研修会を開催した。教員からは、英米でトランス女性排除の言説が広まっていることへの懸念や、イスラーム圏からの女子留学生への影響、トランス女性のトイレ利用に対する懸念などが出された。これらの懸念に対しては、専門家や当事者を招いて何度も研修会を開催し、理解を求めた。学生に対しても課外時間帯に繰り返し説明会を開催し、匿名アンケートも実施した。また、学生課を通じてサークル活動に関して更衣室利用などの件についても尋ねた。結果的には、学生は非常に好意的であり、更衣室利用についても問題はないとの回答が得られた。

奈良女子大学ではもともとジェンダー系授業が多く、LGBTの権利保障についても授業で取り上げることが多かったため、学生の間にはあまり違和感がなかったようである。むしろ先進的な取り組みに誇りを持っているとの意見はその後もしばしば学生から寄せられた。学生からは、高校時代の友人に当事者がいたとか、自分自身が性に関してモヤモヤしているといった声も届けられた。学生にとって、LGBT権利保障は身近な自分事になっていると思われる。

トランス女性受け入れに取り組む中で、課題も明らかになった。第一は、トランス男性の処遇である。トランス男性は女子大にこれまでも存在したし、これからも存在するであろうが、トランス女性受け入れ問題が起こるまでほとんどその存在が可視化されてこなかった。第二は、現状では性自認が女性の者しか受け入れないとしているため、ノンバイナリーは対象外となることである。第三は、女子校・女子大へのトランス女性受け入れに比べ、男子校へのトランス男性受け入れはほとんど議論されていないことも問題である。共学大学でも理工系分野は男性が非常に多いが、研究室等でのトランスジェンダーの処遇に関して十分な配慮がなされているとは言い難い。

今後いっそう明確に、SOGI教育をジェンダー平等教育の一環として積極的に位置づける必要がある。大学教育におけるトランスジェンダーの権利保障が、女子大学へのトランス女性受け入れに特化される傾向があること自体がジェンダーバイアスの反映と言えよう。LGBT／SOGIに関する知識や経験は世代差が非常に大きい。2022年度から高校で必履修となった「歴史総合」の教科書でもLGBTの記事が見られる。LGBT権利保障は、21世紀生まれの子どもたちにとってはあたりまえになりつつある。しかし、政策等の意思決定を握っている中高年者には、LGBT支援が「家族秩序を壊す」とか「子どもがかわいそう」といった言説に同調しやすい者が少なくない。こうした世代間ギャップを埋めるために大学が地域社会と協力して何ができるのか、具体策を検討する必要があろう。

注

＊https://opened.network/questionary/

参考文献

日本学術会議法学委員会社会と教育におけるLGBTIの権利保障分科会「（提言）性的マイノリティの権利保障をめざして——婚姻・教育・労働を中心に」2017年9月29日。https://www.scj.go.jp/ja/info/kohyo/pdf/kohyo-23-t251-4.pdf

日本学術会議法学委員会社会と教育におけるLGBTIの権利保障分科会「（提言）性的マイノリティの権利保障をめざして（II）——トランスジェンダーの尊厳を保障するための法整備に向けて」2020年9月23日。https://www.scj.go.jp/ja/info/kohyo/pdf/kohyo-24-t297-4.pdf

三成美保編著『教育とLGBTIをつなぐ——学校・大学の現場から考える』青弓社、2017年。

三成美保「大学におけるハラスメント防止体制の現状と課題」『ジェンダー法研究』9号、2022年。

ユネスコ（浅井春夫、艮香織、田代美江子、福田和子、渡辺大輔訳）『国際セクシュアリティ教育ガイダンス【改訂版】——科学的根拠に基づいたアプローチ』明石書店、2020年。

大学における教育研究環境配慮義務
一橋大学アウティング事件を例に

本田恒平 一橋大学経済学研究科博士後期課程、国立市男女平等推進委員会委員

2015年に起こり、翌年2016年夏に被害学生の遺族が提訴した一橋アウティング事件裁判は、一橋大学にとっても日本のゲイライツ運動においても大きな事件となった。本稿では、本件の概要を確認しつつ、裁判の争点ともなった大学教育における安全配慮義務、ないし教育研究環境配慮義務[(1)]について考えていく。

◉事件の経緯

事件の概要は筆者が代表を務めた一橋大学LGBTQ+ Bridge Networkによる裁判資料に基づく調査によってその大部分が明らかになっている[(2)]。

アウティング事件から7回目の記念日に作成された小冊子『UPGRADE HITOTSUBASHI Learning from the Outing Case』（一橋大学LGBTQ+ Bridge Network、2022年8月）

一橋大学法科大学院（ロースクール）の男子学生Aが、同輩生である男子学生Zに恋愛感情の告白をしたのは2015年の4月のことだった。Aは他大学の法学部から法科大学院に進学し、Zとは入学前オリエンテーションで出会い、Zは朝起きるのが苦手なAにモーニングコールをかけたり、AはZに古着を譲るといった関係だった。

告白したものの結局、「Aのことはいい奴だと思うけど、そういう対象としては見れない。付き合うことはできないけど、これからもよき友だちでいてほしい」として断られてしまった。その後も友人としての関係は続いた。しかし、2人の関係がSOG

IE（性的指向、性自認・性表現に関する事柄）の問題となったのはＺが行ったアウティング（本人の意思に反して性的指向、性自認を暴露すること）がきっかけだった。ＺはＡを含む同輩生9人が入るLINEのグループチャットで「おれおまえがゲイであることを隠しておくのムリだ。ごめん」とＡのセクシュアリティを暴露した。Ｚは一審（東京地裁）において、交際を断ったにもかかわらずＡが「普通の友人以上」に連絡などをしてくることがまったく理解できず、大変困惑し、精神的に不安定になり夜眠れなくなっていったと証言している。

アウティング被害後にＡは精神的不調に陥った。大学のハラスメント相談室、クラスの担当教員にそれぞれ相談に行き、Ｚからの謝罪を要求し続けたものの解決には至らなかった。当時の担当教員は、クラス替えをすることによってＡのセクシュアリティがより広く知られてしまうことを懸念し、具体的な対応を行わなかった。また、ハラスメント相談室で担当となった相談員は傾聴に専念したが、途中では、「あなた自身が自分のことを堂々とすれば傷つかなくなるよ」とアドバイスし、「ハラスメント相談室というよりも学生委員会での対応がよい」と業務報告をした。Ａは相談当時、抗うつ剤を服用しており、通学もままならない状態であった。

2015年8月24日、Ａは授業中に教室を抜け出し、大学講義棟の6階ベランダから飛び降りた。夏休み中に開講された刑事裁判の模擬裁判の途中であった。

Ａの遺族は翌年8月にＺと大学を東京地裁に提訴した。一橋大学アウティング事件裁判が始まった。裁判ではＺのアウティングの不法行為性（民法709条）、大学側の安全配慮義務（教育研究環境配慮義務）違反の有無が争われた。Ａの遺族は、本人の性的指向を暴露することは人格的利益を損なうものであり不法行為に当たる点、担当教員や大学のハラスメント相談室が自死を防ぐ手立てをとらなかった点を主張した。それに対し、Ｚは「恋愛感情をうち明けられて困惑した側として、アウティングするしか逃れる方法はなく、正当な行為だった」とし、大学側は「突発的な自死を予測するのは不可能」、「人智の至るところではない」といった主張を続けた。遺族（原告）とＺとは一審中に和解が成立するが、大学との裁判は原告にとって困難をきわめた。

結局、一審、控訴審（東京高裁）ともに大学側の安全配慮義務違反は認められず請求棄却となった。しかし、控訴審判決で、アウティングについて「人格権ないしプライバシー権等を著しく侵害するものであって、許されない行為であることは明らかである」といった文章が日本で初めて盛り込まれた。これは原告が大学との裁判の中で唯一獲得した成果であり、この裁判を通じて「アウティング」という言葉が広く知られることとなった。

◉事件が問うたこと

事件の具体的な問題について、アウティングの不法行為性と大学における教育研究環境配慮義務についてそれぞれみていこう。

原告代理人の南和行弁護士は、暴露により精神的に傷つくだけでなく、ほかの同級生らにそれが知られてつき合いづらくなることを見越して、攻撃手段としてＺ被告はアウティングをしたが、これは一橋大学法科大学院という狭い人間関係の中で、Ａから人間関係形成の自由を奪い孤立させるものであり、「いじめ」と同じ構図であると指摘し、本件が差別問題であることを前提としながらも、追加的にアウティングをいじめ問題として位置づけた。性的指向・性自認など機微な個人情報を暴露してはいけないのは、社会に差別や偏見があり、不利益を被る可能性が高まるためである。

カミングアウト後も継続する友人関係に悩んだＺは、アウティングをもって状況を打開しようとしたが、本来はどのような解決方法が望ましいのか。他人の個人情報を知ったのち、抱えきれなくなり、困惑することは多々あるが、その際に推奨される手段は、学内、あるいは行政の相談窓口での相談である。基本的にSOGIE相談窓口はLGBTQ当事者のみならず、その友人や家族にも開かれているため、そうしたリソースの活用が望まれる。「こういう告白を受けて、その後の関係に悩んでいるのですが、どうしたらいいですか」と学内や行政の窓口で相談できていれば、アウティングという暴力的な行為には至らなかったかもしれない。また、本人にどこまでセクシュアリティをオープンにしているか確認することも必要である。アウティングはそのようなコミュニケーションの過程を放棄し至る行為である。

一方の安全配慮義務とは、ある法律関係に基づいて特別な社会的接触の関係に入った当事者間において、その法律関係に付随して発生するとされる、相手の生命と健康に配慮すべき義務（労働契約法第5条）のことである（最高裁1975年2月25日判決）。とりわけセクシュアル・ハラスメントに関しては、性的自己決定権のみならず、労働に関する自己決定権を侵害するものとして問題視されてきた。むろん、労働契約法に基づく同義務は労働現場におけるものであるが、在学契約上の信義則に基づき、類推適用的に教育現場にも同様の義務が生じうる、というのが教育研究環境配慮義務論である。

大学におけるセクシュアル・ハラスメントは教育権、労働権、学習権、学問の自由、身体への自己決定権を侵害するものであるため、大学側は学生・院生に対して配慮する本質的義務を負う。実際、Aはアウティング被害後、大学に行った際に、Zの愛用する自転車を発見しただけで吐き気をもよおすようになり、学業に支障をきたしていた。

安全配慮義務を巡る裁判は、主に初等教育、中等教育におけるものであり、高等教育の現場における教育研究環境配慮義務を巡る裁判・判例の事例はきわめて少ない（同義務を巡る裁判は防衛大学パラシュート事故事件〔1986年（ワ）9958〕が最初だといわれているが、ハラスメントに関するものではない）。

推測だが、これは大学がその構成員を「自立した個人」であることを前提に運営されているためであろう。小中学校の児童・生徒と同じように生活指導をするわけにはいかない分、個別のハラスメントやいじめ問題の発見は遅れる。全学的なヒアリングを行うこと以外で問題発見が事実上不可能な分、被害学生には自ら相談窓口に駆け込む主体性が求められる。しかし、たとえ勇気をふりしぼり相談しても、窓口でアウティングの問題性が軽視され、介入措置が実施されないとなれば、ほぼ手詰まりである。

加えて、従来の教育研究環境配慮義務の主たる問題関心は、「指導─被指導関係」の「支配─従属関係」への転化の中で起こるハラスメントであった。教員と学生という教育上の権力関係がある当事者間でのハラスメントであれば、その問題性は明確であるように思えるが（いわゆるFD=ファカルティ・デベロップメントなどが有効）、「自立した個人」が想定される学生同士の問題に大学側がどこまで介入し、措置を講ずるべきかが問われた本件のような場合はより複雑である。

本件は何を問うたのか。それは、アウティングの危険性を社会、そして大学の構成員がどれだけ理解しているか、という点であった。教員やハラスメント相談室がどこまで介入すべきかは、アウティングの不法行為性をどう理解するかによって変わってくる。控訴審判決は、大学側の主張を認めることによって、アウティングを通じてLGBTQが受ける精神的被害やその暴力性を矮小化した。果たして、黒人差別や女性の性被害だったとしても同じ判決が下されただろうか。裁判官を含め、事件当事者たちが、アウティングの精神的被害について深く理解していれば、義務違反には当たらないといった判決にはならなかったかもしれない。

◉むすびにかえて

係争中、利益相反の観点から、事件に関する教職員による言及は控えるべき、という雰囲気が結審まで学内に漂った。そのため、学内よりも社会におけるSOGIE政策の方が先行した。

一橋大学のある東京都国立市ではアウティングを禁止する条例（「国立市女性と男性及び多様な性の平等参画を推進する条例」）が2018年に成立し、国立市の条例に続くようにして2021年に三重県で同様の条例が県単位では初めて制定された。加えて、2020年6月には労働施策総合推進法（通称「パワハラ防止法」）が改正され、パワーハラスメントの一種としてアウティングが含まれた。2022年4月からは大企業だけでなく中小零細企業にもパワハラ問題に関する啓発や対応が義務づけられた。法制度、自治体の条例のみならず、国内の大学が策定するハラスメント防止ガイドラインでセクシュアル・ハラスメントの事例としてアウティングを明記する大学が増加している。それらは二度とアウティングによる自死・転落死を生まないためにもきわめて重要な取り組みである。

他方、係争中に一橋大学からは、「具体的なハラスメントを防止するのは現実的に不可能」であるとか、「突発的な自死を予測するのは不可能」というメッセージが発せられた。大学がセクシュアル・ハラスメントを個人間の問題として矮小化する態度は、2021年4月に提訴された上智大学国際教養学部教授の事例(3)でもみられる。

学内における多様な学生をどう守るか、教育研究環境配慮義務をどれだけ大学の教職員が認識できるか。研究の現場でも一橋大学内でもそれらの議論は今もなお続いている。大学(university)はその名の通り、LGBTQもエスニック・マイノリティも障がい者も生活するウニベルシタス(共同体・世界)である。大学の教育環境の改善こそが中長期的にアカデミズムを支えていくのではないだろうか。

注

(1) 本稿はにいがた県民教育研究所『にいがたの教育情報』(137号、pp.34-39、2022年)に掲載された拙稿をシンポジウム報告用に修正を加えたものである。

(2) 事件詳細はLGBTQ+Bridge Network「一橋アウティング事件を語り継ぐ」(https://hitupride.wixsite.com/lgbtqbridgenet/hit-outing-case)を参照されたい。

(3) 上智大学国際教養学部教授で美術評論家連盟の会長も務める美術評論家・林道郎から、セクシュアル・ハラスメントとアカデミック・ハラスメントを10年以上にわたり受けたとして、2021年4月30日付で元教え子の女性が損害賠償を求めた事案。事案が発覚した直後、一部報道機関からの取材に対し、大学は「個人間の問題としてコメントを控える」と回答をした。

多様性尊重のための自治活動
2016年夏以降の一橋大学における取り組み

太田美幸　一橋大学大学院社会学研究科教授

2022年11月、一橋大学に待望の「ダイバーシティ推進室」が誕生した。国立（くにたち）東キャンパスの正門に程近い建物の1階に位置し、ガラスの壁面にその名称が大きく張り出されている。始動したばかりで学内での認知度はまだ低いが、その設置を悲願としてきた私たちは、この場所を何としても「安心・安全なキャンパスづくり」の拠点として発展させていこうと、強く決意している。

さかのぼること6年余り。2016年8月5日に報道された「一橋大学アウティング事件」（事件の詳細は本書本田恒平論考を参照）は、私たちの目に映るキャンパスの風景を一変させた。このキャンパスに安全を取り戻し、すべての人にとって居心地のよい場所につくりかえていかねばならない。こうした目標を共有した学生・卒業生・教職員有志の6年間の取り組みを、本稿では紹介したい。

◉「学内の多様性を考える会」の活動

一橋大学は学生数6000人、教員数300人ほどの小規模な大学で、伝統的に学部間の垣根が低く、学生も教職員も所属を越えて日々交流している。筆者が所属する社会学部・社会学研究科には2007年に「ジェンダー社会科学研究センター」が設置されており、ジェンダーやセクシュアリティに関する研究を推進しながら、学部横断的なジェンダー教育プログラムを運営してきた。全学部・研究科から約30人の教員がメンバーとして参加しており、ジェンダー教育プログラムを履修する学生は毎年のべ4000～6000人にのぼる。国内でも先進的な取り組みをしてきたという自負が少なからずあっただけに、2016年8月にネット記事で事件の概要を知って衝撃を受けた学生や教員は少なくなかった。

事件があったのは前年の夏だったが、学内ではまったく知られていなかった。いったい何があったのか。これから何ができるのか。ショックを受けて集まってきた学生たちが「亡くなった学生と同じことが明日の自分に起こるかも」と言うのを聞いて居ても立ってもいられなくなった。だが、すでに裁判が始まっており、学内各所に緊張が高まる中で情報収集もままならない。せめて、夏休み明けにキャンパスに戻ってくる学生が気持ちを吐き出せる場をつくりたいと考え、学生・教職員有志でインフォーマルに立ち上げたのが「セクシュアル・マイノリティについて考えるランチ会」(2017年7月に「学内の多様性を考える会」へ改称)だった。

基本的には、月に1回、昼食を一緒に食べながら意見交換をするだけの会である。それでも、この6年余りの間、ここでさまざまな取り組みのアイデアが出され、その多くが実行に移された。本学におけるダイバーシティ推進室の設置は、この会の活動の直接的な成果ではない。だが、これまで学生団体や卒業生有志、教職員組合等と連携しながら進めてきた取り組みは、実質的にはダイバーシティ推進室の機能の一部を先取りするものであったと言える。実際、活動を続ける中で、ダイバーシティ推進のための学内規則を整え、その責任主体となる組織を立ち上げることが、私たちにとって最も重要な目標になっていった。

2016年10月に開催された最初の会合には、40人を超える学生・教職員が集まった。その後、学部生や大学院生が卒業・修了を迎え、有期雇用の職員・教員も退職するなどメンバーはかなり入れ替わったが、現在も活動を続けている。

初期の定例会合では、安心して話ができる場を提供することが主な目的だった。やがて、インフォーマルな意見交換のほか、学習会やミニ講座なども実施するようになり、学生メンバーの発案によって学内イベントや公開講座などを開催することもあった。活動を続けるうちに、民族差別や宗教への不寛容、学生寮の問題など、学内での困りごと全般についての相談も頻繁に寄せられるようになり、2017年の夏からはダイバーシティの推進を明確な課題として意識するようになった。

教員のメンバーは、教授会でのFD研修（Faculty Developmentの略で、教育活動の改善のために学部・学科が組織として行う研修）の実施や、学内規則改正に向けた提案などにも取り組んだ。学籍簿における性別記入欄の改訂や通称の使用などは、そうした取り組みの成果として早い時期に実現したものである。さらに、性的マイノリティ当事者の学生に向けた支援ガイドラインの作成も進んだが、各方面の調整が難航し、未だ実現には至っていない。

他方で、2017年には一部の研究科で「人権尊重についての声明」が出され、社会学部教授会では全学の学生を対象として「キャンパス内差別実態調査」を実施するなど、組織としての取り組みも行われた。だが、こうした活動を進める中で否応なく気づかされたのは、大学全体として差別是正や多様性推進に向けた新たな体制をつくることは、裁判が終わるまでは難しいという現実だった。

◉学外との連携

ところで、大学の所在地である東京都国立市では、2016年4月に策定された「国立市第5次男女平等・男女共同参画推進計画」において、「多様な性を認めあえる社会」が基本目標の一つとして掲げられていた。その後、2018年4月には「国立市女性と男性及び多様な性の平等参画を推進する条例」が施行された。これは、アウティングの禁止を盛り込んだ全国初の条例である。

条例の基本理念（第3条）には「性別、性的指向、性自認等による差別的取扱いや暴力を根絶し、全ての人が、個人として尊重されること」が謳われ、第8条では禁止事項として「何人も、性的指向、性自認等の公表に関して、いかなる場合も、強制し、若（も）しくは禁止し、又は本人の意に反して公にしてはならない」こと、すなわちアウティングやカミングアウトの強要は許されないことが明確に示されている。さらに教育事業者の責務として、条例の基本理念に基づいた教育を行うこと、市の施策に協力することも明記された。

こうした内容は、タウンミーティングやパブリック・コメント等を通じて集められた市民の意見を反映したものだった。一橋大学における出来事が少なからず影響したことは想像に難くない。2018年5月には、条例に基づく活動の拠点として、一橋大学の最寄り駅である国立駅の高架下に「くにたち男女平等参画ステーション」が開設され、SOGI相談の窓口も置かれた。学内体制の刷新がなかなか進まない中で、こうした国立市の取り組みには大いに助けられた。

さらに、2019年夏には卒業生有志によって「プライドブリッジ」という任意団体が設立され、学生支援のために寄附金を寄せてくださることになった。この寄附金をもとに、キャンパス内に学生たちの居場所と情報発信拠点を兼ねたスペースをつくるとともに、性の多様性を学ぶための寄附講義も開講することにした。今ふりかえれば、この寄附講義を通じて学内の雰囲気が少しずつ変わっていったように思う。

寄附講義のシラバスには、次のような文章を掲載した。「セクシュアリティやジェンダーをめぐる不平等・不寛容・不公正な状況を『自分ごと』として捉え、自らの生き方や働き方、社会との関わり方について実践的に考えたい学生のための科目です」、「『性の多様性』をめぐる現代社会の状況を理解し、大学で学ぶジェンダーやセクシュアリティについての知見を生涯にわたる社会生活や職業生活にいかに活かしていくか、社会環境にいかにして働きかけるかを実践的に考えます」。ほぼ毎回ゲストスピーカーを招聘（しょうへい）し、企業やNPO等における先進的な取り組みや、法制度改正の動向、卒業生のライフコース、自治体や労組等の取り組みなどについて講義をしていただくという授業である。初年度に履修した学生は500人近くにのぼり、コロナ禍で履修人数に制限がかけられた2020年度以降は毎年100人弱が履修している。多くの学生が熱心に受講し、授業後に寄せられるコメントから教員側も多くを学んだ。

この授業の履修者を中心に、新たな学生団体として「LGBTQ+ Bridge Network」も発足し、学内の実態調査や各種情報の収集・発信に精力的に取り組んでくれた。発足直後の2020年春以降、コロナ禍で活動が大きく制約されることになってしまったが、ウェブサイトやSNS等を通じたかれらの活動が他の学生たちに与えた安心感は非常に大きかったと思う。

この団体による調査報告書や作成した動画、リーフレット等は学外からも注目され、メディア取材や近隣の学校への出張講義の依頼などが相次いだ。

◉新たな学内体制

こうした活動に手ごたえを感じるようになっていた2020年春、一橋大学では学長選挙が行われ、同年9月に新たな学長が就任することになった。2016年から続いていた裁判も終盤を迎え、11月には、大学側には安全配慮義務等の瑕疵(かし)はないとする判決が確定した。LGBT法連合会はこの判決を「極めて遺憾である」として、「今回の判決をもって一橋大学が何ら対応を講じないことは断じて許されることではない」との声明を発表している。学内で取り組みを続けてきた私たちもこれに共感しつつ、他方で、これでようやく大学が何らかの対応をとることが可能になったと安堵してもいた。新たな学内体制をつくるためのスタート地点に、ようやく立てることになったのである。

折しも、学内では国立大学法人としての第4期中期目標・中期計画(2022年度からの6年間に達成すべき目標とそのための計画。法人評価のために設定されるもので、評価の結果は、大学運営の基盤的経費である「国立大学法人運営費交付金」に反映される)の策定プロセスが進行していた。また、新学長のもとで、ダイバーシティ推進は大学が取り組むべき重要課題の一つであるとの認識が明確に共有されつつあった。

果たして、2022年4月からの新たな中期目標・中期計画には、ダイバーシティの推進が盛り込まれた。そこには、取り組むべき目標の一つとして「多様な背景を持つ全ての学生・教職員の人権が守られ、心身ともに快適に教育研究及び就労することができる環境を整備する」とあり、また、その評価指標として「学生に対する経済的な支援も含めた各種支援策の拡充、多様なアプローチによるハラスメントやメンタルヘルス等に関する啓発活動の実施及び相談体制の構築」が挙げられている。この目標・計画のもとで、同年9月には本学初のダイバーシティ担当副学長が就任し、11月1日付で「ダイバーシティ推進本部」が設置されるとともに、従来の「男女共同参画推進室」が名称を変更して「ダイバーシティ推進室」となったのである。

2023年3月末には、大学の基本方針を示す「一橋大学ダイバーシティ・エクイティ&インクルージョン推進宣言」が発出された。ダイバーシティの推進について本学には少なからぬ課題があるという認識のもと、「すべての学生・教職員が、人種、民族、国籍、性別、性自認、性的指向、障がい・疾病の有無、年齢、言語、宗教、信条、出身、地位、家族関係など、さまざまな属性において多様性を持つこと」を前提として、一人ひとりの人権や尊厳が守られ、能力を十分に発揮できるように教育研究環境を整えることへの決意が示されている。

2015年8月の出来事を念頭に置くならば、この宣言が今後もちうる重みを思わずにはいられない。学内規則や基本方針といったものは普段は意識されることが少ないが、あらゆる構成員のキャンパスライフに間違いなく影響を与える。ここに至るまでには思いがけず長い年月がかかったが、ようやく得ることができた貴重な財産をしっかりと活用していくことが、これからの大きな課題であると思っている。

女子大学におけるトランスジェンダー女性の出願資格をめぐる議論
日本女子大学の場合

小山聡子 日本女子大学人間社会学部社会福祉学科教授／ダイバーシティ委員会委員長

筆者の勤務先である日本女子大学は、学校法人として幼稚園から大学までを備える学園組織である。幼稚園のみ共学で、小中高大と「女性」対象の教育機関として運営されてきた。教育におけるSOGIEの課題をめぐる議論が始まったのは、2015年のことであった。以下に本課題をめぐる取り組み経過を示すとともに、それを通して学んだこと、大切にしていることをお伝えしたい。

◉受け入れ議論と決定をめぐる時期区分

時期区分はここまで以下の4期に分けて語ってきた。ただ、この区分はトランスジェンダー女性への出願資格拡大に関する機関決定を、ある種のクライマックスととらえたものとなっているため、出願資格確認が始まろうとしている2023年現在は、時期区分の更新を考える必要が生じていることをあらかじめお断りしておきたい。

第1期は「検討の契機から議論のスタート期」で2015年末から2018年7月までである。きっかけは、附属中学校に対して、ある保護者から寄せられた受験の可否に関する問い合わせで、その方のお子さんは生まれた時に割り当てられた性別が男性で、現在自身の性自認に従って女性として生活をしており、性同一性障害の診断を受けているとのことであった。この課題をめぐる社会情勢を鑑みた時に、「女子校であるため無理である」と簡単に結論を出すべきではないという考えが学長／理事長レベルで認識された時期である。ただ、この時に全学で結成された検討プロジェクトでの議論は、「中学校レベルでは時期尚早」という結果となった。一方それと同時に、大学部門に特化して検討を続けるべしという機運が高まり、期間限定のワーキンググループにおける検討を始めたのが2017年4月である。その手前の2月には、4学部の中の人間社会学部が主催した学術交流事業で「多様な女子と女子大学[(1)]」というタイトルのシンポジウムを開いた。そこにトランスジェンダー男性及びトランスジェンダー女性、そしてこの課題をめぐる日本学術会議の提言[(2)]にも関与された津田塾大学学長の髙橋裕子氏と国際基督教大学（ICU）教養学部元教授の田中かず子氏をお招きしたこともこうした検討気運の後押しとなったのである。

第2期は、このワーキンググループでの検討が、理事会下の常設委員会としてのダイバーシティ委員会に場を移してからで、「全学的な検討体制の構築期」としている。ふりかえるに、常設のダイバーシティ委員会ができるまでは、まだこの課題に対する検討が、当該課題に特段の関心を寄せる一部のメンバーによる先行した議論のようにとらえられていた面があり、学内でアンケート実施をとか、情報発信のためのリーフレット作成をといった提案に対しても、「何の権限で、どの予算を使って？」と問いかけるような目線があったことも確かである。2018年8月に、規定を整備の上、常設の委員会としての当該委員会ができてからは、各部局の職名による委員も決まり、この検討が全学メンバーにとっての「自分事」に開かれたと言えよう。

本学では、この委員会での検討を経て2019年3月にいったん2020年度入学からトランスジェンダー女性への出願資格拡大を決めている。しかし、年度が明けた2019年4月に教授会より、まだ準備が不十分であるとする強い意見が出され、同年6月に翌2021年度からを目途に延期をすることの決定をした。ここからが、第3期としての「仕切り直しの検討継続期」である。この時期には腰を据えて学内の意見聴取をし、結果を質的に分析して返し、また出願から大学生活までの対応を規定したガイドラインやマニュアルおよびQ＆Aの原案を作り、更新を始めた。

第4期が、「共に学ぶ大学になるための体制整備期」である。上記第3期の最後2020年1月に、延期を了承願っていたスタート時期について、当初より1年ずらした2021年度からとすることをめぐり、準備が整ったと思うか否かに関する意向調査を全教職員向けに行った。その結果は学部ごとに大きく割れ、また思いのほか「わからない」と回答した人（約25%）が多かった。これらをふまえて、さらに開始時期を延ばして毎年意向調査をするのではなく、準備に4年間かけることを前提に、2024年度入学からスタートすることを同年3月の理事会で決定し、6月に学長名による公表をしたのである。

◉共に学ぶ大学となるための体制整備と学び

大学の執行部からは、この4年間で系統的に準備を重ねることができるよう、工程表を策定することが求められ、ダイバーシティ委員会では担当ごとに4つのグループを作って活動を進めるよう計画した。一つ目が広報担当グループで、学内外への情報発信や学外からの問い合わせへの応答を担当する。二つ目が理念検討グループで、この課題をめぐる動向を学ぶとともに理論的な検討を継続し、後述するガイドラインの策定と更新も担ってきた。三つ目は啓発担当グループで、学内の教職員および学生に対する漏れのない啓発活動を計画実施して、学内の底上げをはかる。四つ目が附属校園担当で、現時点では幼稚園が共学である以外、トランスジェンダー女性とともに学ぶ決定はしていないものの、この課題への取り組みを通して見えた、もとから内包する女性たちの多様性に着眼した教育体制の構築や、保護者への一貫した情報発信などを担当している。

2022年6月に公表したダイバーシティ宣言(3)では、この決定を契機に、障害の有無、国籍や文化、宗教、信条、年齢等さらに多くの属性に改めて目を向けるという論理展開を意識した。つまり、性の多様性を認識することを通して、特定当事者のために対応するという姿勢を越えて、組織全体がどのように変わらねばならないかという視点を改めて確認できたと考えている。

ここからは、体制整備期の取り組みを経て気づきを得た点について紹介する。一つ目は、時に寄せられるネガティブな意見と対話をしていく中で垣間見える女性としての生きづらさのようなものに気づかされたことである。例えば、「男性が怖くて女子大に入学したシスジェンダーの女性にも配慮を」といった意見がある。こうした見解に含意されているのは、トランスジェンダー女性の中には男性に見える、ないしは男性と感じられる人が含まれるのではないかという感覚だろう。これに対しては、まずトランスジェンダー女性は「女性」であるということ、同時にそうした方にとっても女子大学は安全に感じられる空間なのであると伝えている。

一方、性別移行のプロセスで、当事者の方が「過剰に」女性らしさに寄せていくような時期があるとすれば、それは「女性ならこうあるべし」という縛りを強化してしまうのではないかといった投げかけもあった。つまり、トランスジェンダー女性は「女性らしい」外見でなければ怖がられ、片や「女性らしく」ふるまえばジェンダー規範を強化すると警戒されるといった大変厳しい立場に置かれているというとらえ方もできるだろう(4)。

これらの対話を経て、改めて「女性」一般の直面する生きづらさが感知されたともいえる。女性に期待される見かけや振る舞いとは、外から要請されるのみならず、内在化して自分で自分を縛ることにもつながっている。本学では、何らかの生きづらさを感じる女性が①相談できる場所がある（カウンセリングセンター等）、②友人同士語り合い励まし合い力づけ合う場所がある（セルフヘルプグループの応援）、③ジェンダーの問題について学ぶ授業がまとまって可視化されていることの三つの次元を重視し、まだ不十分なところを拡充していきたいと考えている。

二つ目は教職員の研修の内容を見直すことの重要性である。啓発活動とは、とかく講演により知識を得たというレベルに終始しがちである。しかし肝心なのは、その知識と、実際に体感したりわき上がったりする各自の思いや感覚のずれを認識し、安全な空間でその間を埋めることである。本学では、ジェンダーセクシュアリティ専門相談員の支援を得て、内なるバイアスに気づくためのロールプレイを全職員に向け実施してきた。誰でも理解違いや失敗をしうる存在であることが許容された空間で、自己省察に取り組めることが重要である。これは継続して取り組む必要があると考えている。「知っている－知らない」、「正解－不正解」といった二項対立ではなく、複雑な思いを共有し対話できることが大切である。

三つ目は、全体を通して人権の問題としてSOGIEをめぐるあれこれを考えた時に、議論をいわゆる「賛成－反対」のような文脈にはけっして持ち込まないことへの留意である。前述した学内でも散見される懸念や不安、疑問に対しても、それらが生じる背景や懸念の内実をしっかりと見極め、さまざまな人が横並びで共に課題解決に向かうための言い回しや取り組みの工夫をするよう心がけてきた。

◉ガイドライン更新において大切にしたこと

2023年の夏前までに、出願から学生生活までをカバーしたガイドラインの公表を予定している。タイトルを、「すべての女性が共に学ぶためのガイドライン――トランスジェンダー学生（女性）を迎えるために」とし、学内の意見を収集の上、ジェンダーセクシュアリティ専門相談員や弁護士にアドバイスをいただきつつ、この間更新を重ねてきたものである。そこで大切にしてきた原則を以下に説明したい。

一つ目は、シスジェンダー女性が多様であるのと同様、トランスジェンダー女性も多様であり、誰がトランスジェンダー女性かという詮索に結びつくような数字の公表は一切しないという原則を確認したことである。二つ目は、すべての在学生および卒業生に資するということの認識である。例えば通称の利用などは、結婚や離婚で名字の変わった学生にも資するであろう。また、学内にすでに潜在的には在籍しうるトランスジェンダー男性にも資するという考え方である。三つ目は、上記した①厳格な情報管理と②当該個人が希望する場合は適切に合理的配慮がいきわたることおよび③周囲の教職員や学生に懸念が生じないことの三つのバランスを考える必要性である。とくに、適切に合理的配慮を行うには、範囲を限定した情報の共有が必要であり、埋没して生活するトランスジェンダー女性にとっては大いに矛盾が生じる部分でもある。いずれにしても、ご本人との丁寧な相談をふまえてそのつど了承をとりながら必要最小限の範囲での情報共有のもと学生生活を支援していくことになるであろう。四つ目は先行する他の女子大学の例に学びつつも、本学の独自版とすることである。これは、大学の規模感や通信教育課程のあるなし、意思決定プロセスを支える制度の違いなど、自組織の特性を十分ふまえるということを意味する。最後五つ目は、いわずもがなであるが、全学の多様な立場からの英知を集めて多角的に検討し、かつ必要に応じて更新を重ねていくことへの覚悟である。

◉まとめ

検討の過程でさまざまな軋轢（あつれき）や右往左往があったものの、学内における当該課題をめぐる理解は着実に進んできたと感じている。それと同時に、体制整備のために活動している筆者自身の肝が据わってきたと言える。本稿のもとになったシンポジウムへの登壇をはじめとして、ここに至るまでにマスコミ各社からの取材への応答や、他大学の方からの聞き取りに応じること、また自組織内での情報発信等さまざまなチャンネルで発言を重ねてきた。過去の資料をふりかえって「こんなことに悩み、迷っていたのか」と感慨深く思う部分があるのも事実で、それは筆者自身がそれなりに学びを深めてきたことの証左でもある。これからも人権侵害には毅然と対応しつつ、さまざまな懸念に対しては対話を重視し、常に悩みつつも性の多様性をふまえたさらなる体制整備を進めていきたい。

最後に、「よりインクルーシブな女子大学」「安心安全な女子大学」という目標に向かってすべての構成メンバーが協働しようとする時に、女子大学の持つ価値に関する議論に関しても、更新作業に取り組む必要があることへの自覚を述べておきたい。昨今女子大学の存立について疑義が提示されることもある。しかし、出願資格という、最も入り口の部分でたくさんの議論をせざるを得なかった女子大学に与えられたチャンスがむしろあると感じている。ジェンダーギャップ指数(5)において未だ下位に甘んじている日本の現状をふまえ、性の多様性について学び続け、人権の観点から発信し続ける場所という認識を大切にしたい。

注

(1) 後に、この内容は、日本女子大学人間社会学部LGBT研究会編『LGBTと女子大学――誰もが自分らしく輝ける大学を目指して』学文社、2018年として出版された。

(2) 日本学術会議法学委員会社会と教育におけるLGBTIの権利保障分科会「(提言)性的マイノリティの権利保障をめざして――婚姻・教育・労働を中心に」2017年9月29日。https://www.scj.go.jp/ja/info/kohyo/pdf/kohyo-23-t251-4.pdf

(3) 日本女子大学ダイバーシティ宣言(2022)は以下から閲覧可能である。https://www.jwu.ac.jp/unv/about/sr/diversity/index.html

(4) 高井ゆと里(2022)「訳者解題　日本で『トランスジェンダー問題』を読むために」Faye, Shon.(2021)*The Transgender Issue: An Argument for Justice*, Penguin(=2022, ショーン・フェイ著、高井ゆと里訳『トランスジェンダー問題』明石書店)p399.

(5) 世界経済フォーラムが2022年7月に公表した内容によると、日本の順位は146カ国中116位であった。

「LGBT等に関する筑波大学の基本理念と対応ガイドライン」をどうつくったか

河野禎之 筑波大学人間系助教

筑波大学は2017年3月、「LGBT等に関する筑波大学の基本理念と対応ガイドライン」を公表した*。これは、日本において大学として公式に策定した初めてのガイドラインであった。その作成における経緯や基本となった理念のほか、今われわれが感じている課題などを共有したい。この「基本理念と対応ガイドライン」はでき上がるまで課題や苦労があった。その一部をかいつまんで報告する。

私の専門はジェンダーではなく、心理学（認知症）である。認知症を社会モデル、マジョリティとマイノリティの構造のようなことでとらえたらどうなるだろうということに関心を持ち、ジェンダーの分野を勉強し始めた。その頃、当事者の学生と出会い、学生たちが置かれている状況が可視化されず、理解されにくいことを知り、大学として何かできることはないのかを考えた。当時私はダイバーシティ推進室の専任教員でもあったので、動き出したというのが始まりである。

しかし、初めは「学生支援」と言っても具体的に何をするのかという内容も整理されていないところから始まったため、何をどのように取り組めばよいか戦略を練った。例えば最初に大学上層部に相談に行った時は、「LGBT等の学生に対する支援体制を検討することを始めたい。そのための情報収集に関係各所は協力してほしい」と、かなりハードルを下げた形で学内の協力を得るところから始めた。同時に、学内での意識啓発を進めるために、専門家や当事者を招いての勉強会や研修会も始めた。それらを半年から1年ほど続ける中で、学内で過去に各部局や教育組織、あるいは個人の教職員がさまざまな個別的な対応をしていた一方で、情報が共有されておらず、組織的な動きにつながっていないことが判明した。そこで、それらの情報をまず一元化するために相談窓口を設置することから始めた。

◉相談窓口の設置から基本理念と対応ガイドラインの策定へ

当初、相談窓口をどこが引き受けるかで議論があった。学生相談室も手一杯で、ジェンダーの専門家はおらず、どこを窓口にするか決まらなかった。例えば「LGBT等に関する相談窓口」という看板を相談室の前に掲げたとして、そこに入ることで周囲に知られてしまうのであれば、誰も相談には訪れないだろうと考えられた。ちょうどその頃組織の編成があり、「ダイバーシティ・アクセシビリティ・キャリアセンター（以下、DACセンター　※2023年1月から『ヒューマンエンパワーメント推進局』へとさらに改組）」という組織になった。ダイバーシティ推進室と障害学生支援室、キャリア支援室が合併したものだったため、センターの相談カウンターにはいろいろな学生や教職員が相談に来ることになった。つまり、誰がどの相談で訪れたのかが分からない状況がつくれることになったため、LGBTQに関する相談窓口を掲げることになった。相談担当者も、臨床心理士の資格を有してはいたが専門的な知識や経験は少ないという不安を抱えながら、私が担当するということで始めた。

そこで分かったことの一つは、相談窓口に来る学生は、例えばアウティングを受けたとか、嫌な思いをしたとか、何かが起こってから来る。本当はそうではなく、もっとプロアクティブ（予防的）に活動しなければいけないということになった。そして、大学としての姿勢を示すという意味でも、基本理念と対応ガイドラインを策定しようとなったのが、2016年の夏頃であった。そこから半年間で一気につくり上げた。そのためにまずはワーキンググループを組織し、グループには当事者の教員にも入ってもらった。そして、センター長の大学執行役員の教員と3人で、作成に向けた方針、考え方のようなものを確認するところから始めた。

図表1

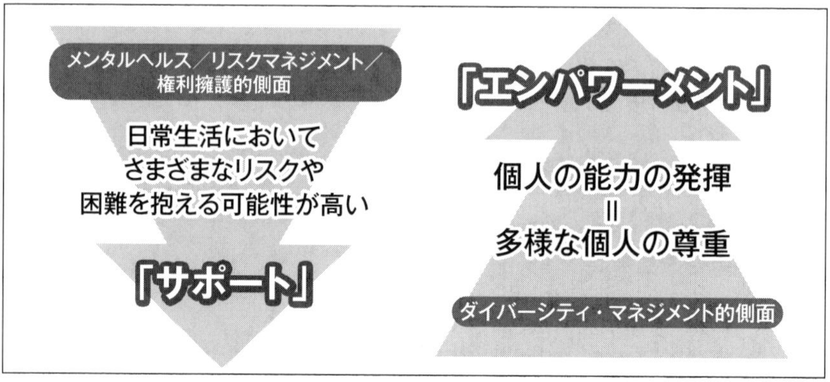

そこで確認したのが次の2つの視点である（図表1）。

1つは、「サポート」の視点である。当事者の学生や教職員はリスクを抱える可能性が残念ながら多い。そのため、人権擁護やリスク・マネジメントの観点から大学としてサポートが必要だという点である。しかし、サポートの視点だけでは当事者には「支援を受けなければいけない弱者」であるとのメッセージにもなってしまう。前提として、一人ひとりの個人の能力が発揮されるためには、一人ひとりの個人が尊重される環境が必要である。LGBTQの当事者であるということも含め、多様な個人に対して「エンパワーメント」をしていくという視点も重要であると考えた。「サポート」と「エンパワーメント」の2つの考え方が両輪とならないと間違ったメッセージになるということを確認し、それに基づき

図表2

◎ガイドライン策定時の留意点

1. 当事者の声を反映させる
2. 具体的な実践項目に基づく
3. 積極的な意味を持たせる

◎ガイドライン策定後の課題

1. 当事者が置き去りにされていないか
2. 学生や教職員にどれだけ浸透しているか
3. 留学生の対応増加と教職員対応の少なさ

基本理念と対応ガイドラインをつくっていった。

作成のプロセスにおいて留意した具体的なポイントとして3点が挙げられる（**図表2**）。1点目は、当事者の声を反映させるということである。大学がマジョリティ側として作成したものを当事者に対して「こういう支援の枠をつくりました。どうぞ」という押しつけとしてではなく、できるかぎり共創、協働してつくり上げることに心を砕こうということになった。当事者の教員、相談窓口に来ている学生、学内のサークル、学外の知り合いの当事者など、いろいろな方に素案を見てもらいながらつくっていった。

2点目が、具体的な実践項目に基づいて作成するということである。これは、私がジェンダー問題の専門家ではなかったからできたことなのかもしれないが、とりあえず困っている学生の役に立つことに焦点を当て、その助けとなるような基本理念と対応ガイドラインをつくろうということにした。これは、われわれの限界や課題とも言えるかもしれないが、ジェンダーの構造的な問題など、より本質的かつ理論的な問題を掘り下げることには踏み込めていない。それよりも、現実的に今困っていることを解決できる実践的な内容にすることに注力するという方針を当初に確認した。

3点目が前述した「エンパワーメント」の視点であるが、基本理念と対応ガイドラインを出すことが、かえって当事者の学生や周囲の学生たちに対し「特別な人たちだから基本理念が必要だし、対応ガイドラインも必要なのだ」というメッセージにならないように、できる限り考えながら作成するように努めた。

作成した基本理念と対応ガイドラインは大学のホームページで公開している。まず基本理念の前文では、「本学は多様な個人を尊重する」ことを述べている。「LGBTQの人たちを尊重する」ではなく、「多様な学生・教職員すべてを尊重する」ことが前提だと初めに述べたうえで、3つの基本理念を述べている。

基本理念の第1項は「少数者を差別しません」である。「LGBTQを差別しない」ではなく、「少数者を差別しない」という言い方をした。これも、「LGBTQという特別な人たちを差別しない」ということではなく、マイノリティであることをもって差別をしない、したがって、障害のある学生やほかのマイノリティとして周縁化されているような人たちに対しても差別しないという意味をここに掲げたわけである。

第2項は、「自己決定を尊重します」である。大学での具体的な支援となると、支援を受けるためにはどうしても当事者であるというカミングアウトと引き換えになってしまい、カミングアウトをしないと支援が受けられないという現実的な問題がある。カミングアウトの範囲や程度は支援の内容によるところも大きいが、それでも一定のカミングアウトが求められる場合が多い。また、世の中にはカミングアウトをすることが勇気ある行動と賞賛されることが多いが、その反面、カミングアウトしないという選択は消極的な選択として認識されてしまっていることも少なくない。しかし、カミングアウトをするかしないかは本来本人が決めるべきことであり、何らかの支援を受けるためには仕方なくカミングアウトする場合や、カミングアウトしないのは消極的であるという雰囲気の中でカミングアウトする場合が生じることはできる限り避けなければならない。そのため、第2項では、非開示に関しても認め、カミングアウトしないという選択も尊重することを明確に述べている。

第3項は、「修学と服務の妨げを取り除きます」である。もちろんLGBTQやSOGIに関わることは障害や疾患ではない。しかし、「困りごと」に焦点を当てると、いわゆる障害における合理的配慮の考え方が援用できるだろうと考え、その考え方のもとで現実的な問題解決に当たることを基本理念では掲げている。

◉現在の課題と今後の展望

現在の課題として何をわれわれが感じているか。その中で最たるものは、学内の当事者が置き去りにされてしまっている感じが否めないことである。アウティングや差別的な発言などが、いつ筑波大学で起こってもおかしくないと個人的には思っている。当事者の学生からすると、筑波大学は「お題目は立派だが実際には大したことない」と感じる人もいるだろう。当事者の学生や近しい人たちの声をどのように定期的に吸い上げ、大学の仕組みや対応に反映させていけるのかをあらためて考えなければいけない。

2点目は、学生や教職員にどれだけ浸透しているのかということである。2017年に「基本理念と対応ガイドライン」を策定してからかなり時間が経過した。おそらく多くの学生や教職員は筑波大学がLGBTQに関して取り組んでいると認識していると思うが、具体的に一人ひとりが主体的に行動できているかというと、まだまだである。年2回、全教職員向けにオンデマンドでFD研修(Faculty Developmentの略で、「教育内容・方法等をはじめとする研究や研修を大学全体として組織的に行うこと」)を行っているが、視聴数は100から200人である。本学は病院の職員も含め5000人の教職員がいるので、この数は大変少ない。

3点目が、留学生を取り巻く課題である。コロナ禍で問題が見えづらくなっているが、コロナの直前の相談は半数以上が留学生からのものだった。2022年に限ると約7割は留学生からの相談である。留学生のLGBTQへの対応が求められている。文化やさまざまな問題が複雑にから み合う中で、相談に来る学生たちがいるということである。

4点目が教職員対応である。本学は2020年3月の改定で、福利厚生に関して、「配偶者」や「妻」という文言を全て「パートナー」に読み替えることとした。これは周知され、私の知り合いでカミングアウトをしていない当事者から「勇気をもらった」という反応もあった。しかし、実際に制度を利用したかどうかは把握できていない。ただ風呂敷を広げただけで、実際にそれが当事者たちにとって使いやすいものになっているのか、実効的なものなのかは、引き続き検討が必要だと考えている。

参考文献

* 筑波大学(2020)LGBT等に関する筑波大学の基本理念と対応ガイドライン改訂版(https://diversity.tsukuba.ac.jp/)2023年1月31日アクセス

COLUMN

文部科学省「生徒指導提要」の改訂

宮川裕士朗
LGBT法連合会

2022年12月、12年ぶりに文部科学省は「生徒指導提要」を改訂した。

文部科学省（『生徒指導提要〈改訂版〉』、2022年）によると、「生徒指導提要」は、小学校から高等学校段階までの「生徒指導の実践に際し教職員間や学校間での共通理解を図り、組織的・体系的な取り組みを進めること」を目的に作成されたものである。また刻々と変化する社会での課題を整理し、今後未来を担う子どもたちに対してどのように指導を行っていくのかという基本的な方針を示す役割も担っている。

「生徒指導提要」は2010年3月に初めて発表され、いじめや児童生徒の自殺の増加など、子どもたちを取り巻く環境の変化を背景として作成された。その後、2013年の「いじめ対策推進法」をはじめとする教育に関わる法規の成立や、文部科学省の通知にもみられる社会的課題の多様化と深刻化、それらへの対応の必要性の中で、今回の「改訂」に至った。

今回の改訂では「『性的マイノリティ』に関する課題と対応」として新しく節を設け、3ページ余り記載されることとなった。具体的には、「性同一性障害に係る児童生徒に対するきめ細かな対応の実施などについて」(2015年）や、2017年に改訂された「いじめの防止等のための基本的な方針」などの文部科学省の通知が整理された内容や、「LGBT」や「SOGI」といった基礎的な語の意味などが記述された。

しかし、「アウティング」や「カミングアウト」といった、現場の対応において必要な語句の説明がない。また、文部科学省の通知以降の医学的進歩、制服の見直しや校内文書における不要な性別欄の削除などの学校による制度的な支援施策、社会の動きが反映されていない。こうした点が課題として挙げられる。さらに「性同一性障害」と「性的マイノリティ」への対応が混在している記述も散見され、その区分けや語句の使い分けも課題である。

「生徒指導提要」は現場に関わる教職員だけでなく、これから教員となるため教員養成課程で学ぶ大学生も参考にしている。現在の指導だけでなく、これからの指導も左右しうるものである。通知「性同一性障害に係る児童生徒に対するきめ細かな対応の実施などについて」「いじめの防止等のための基本的な方針」のもとで教育を受けた世代は今や成長し、中には社会の一員として社会の「常識」をかたちづくる者もいる。教育やその環境は子どもたちのこれからの考え方や姿勢に大きく影響するものであり、その点では教育環境の社会的な力はとても大きい。

「性的マイノリティ」の当事者の子どもたちはもちろん、すべての子どもたちが学校や家庭、地域社会でも困難を感じることがなく一人ひとりの多様性が十分に尊重されるよう、「生徒指導提要」の内容、ひいては教育環境全般がよりよいものになることが強く求められるところである。

参考文献

文部科学省『生徒指導提要(改訂版)』(2022年12月公開)
https://www.mext.go.jp/a_menu/shotou/seitoshidou/1404008_00001.htm

LGBT法連合会「【声明】『生徒指導提要』改訂版の公表に対する声明」(2022年12月16日) https://lgbtetc.jp/news/2807/

第3部

性差別とSOGI

「LGBTQ報道ガイドライン」の策定と報道の課題

藤沢美由紀 毎日新聞くらし医療部記者　奥野 斐 東京新聞社会部記者

新聞やテレビの報道でも性的マイノリティ（LGBTQ）に関する話題を目にする機会が増えた。私たちはこれらの課題を取材してきた立場から、2019年にLGBT法連合会が策定した「LGBT報道ガイドライン」に有志記者として参加した。2022年4月に改訂された「LGBTQ報道ガイドライン」にも協力している。報道現場でLGBTQのテーマがどのように扱われているのか、ガイドライン策定の経緯やトランスジェンダー報道を巡る現状などを紹介する。

◉報道ガイドライン策定の経緯と思い

報道ガイドラインには新聞、テレビ、ウェブメディアの記者計20人ほどが協力した。本書のベースとなったシンポジウム「法整備とSOGI」

図表　LGBT法連合会が策定した「報道ガイドライン」の表紙

2019年版

2022年版

の分科会のテーマ「性差別とSOGI」にも関連するが、このガイドラインは性差別をなくし、また差別に加担しないように、よりよい報道を目指して作られた。主に報道に関わる人向けの指針だが、取材する側、される側双方に向けてまとめたのが特徴だ。取材・報道での注意点などを整理し、困った時に参照できるようにした。

2019年の初版の時は「LGBT」報道ガイドラインだったが、2022年の改訂版は「LGBTQ」にタイトルも変えた。この3年間で新しい用語が浸透したり、トランスジェンダーを取り巻く状況が変わったりしたので、用語はもちろん、どのような問題があるかを加筆している。

ガイドラインを作るきっかけになったのは、杉田水脈衆院議員（分科会当時は総務政務官）による月刊誌『新潮45』2018年8月号への寄稿に抗議する自民党本部前でのデモだった。杉田氏の「彼ら彼女らは子供を作らない、つまり『生産性』がない」という主張に対し、多くの当事者らが抗議の声を上げた。この時の報道で、マイクを握ったある当事者の様子がネット上に顔写真付きで配信され、その人の地元でも想定以上に、その人が思っていたのとは違う形で記事が大きく掲載されてしまったということがあった。

報道では、一般的に公の場で発言した内容を記事にすること自体は問題ないとされる。そのため、このケースでは取材する側とされる側との間で、例えば見出しにセクシュアリティのことが大きく出てしまうことや、記事のボリュームなどのやりとりはなかったと思われる。結果的に、当事者にとって意図しない形で報道されてしまった。

報道する側はLGBTQに関する知識が十分だっただろうか。知識というのは単純な用語の話だけではなく、報道が本人の性のあり方を同意なく第三者に暴露してしまう「アウティング」につながる危険性や、当事者の居場所を奪うことになる可能性の認識も含まれる。慎重に取材・報道すべき対象であることの理解が足りなかったのかもしれない。

一方で、取材を受ける側も報道の仕組みや、例えば新聞記者が書いた記事がネットやLINEなどのSNSにも配信されることなどを知る機会は少ない。新聞社では、多くの場合、取材した記者とは別のレイアウト担

図表　「LGBTQ報道ガイドライン」第2版（一部）

取材をされる際のチェックリスト

当事者向け

1　取材を受ける前に以下のことについて認識しておきましょう

- ☑ 顔を公開して良いか、名前まで公開しても良いのか、自身の情報について改めてどこまで公開できるのかを確認・整理しておきましょう。
- ☑ 集会、デモ、イベントなど公の場で話したことは、直接の確認なく報道されることがあります。（もっとも、公の場で表現してしまったことについて報道されたくないと思った場合、記者に報道してほしくない旨を申し入れれば対応してくれることもあります。催しの主催者側が「撮影NGゾーン」を設けるなど、メディア向けの「取材ルール」を設定している場合もあり、参加する催しでこうした決まり事があるかを確認しておきましょう）
- ☑ 報道されたことによって、好意的な反応だけでなく、ネガティブな反応が出てくることを想定しておきましょう。
- ☑ あなたが話したことが、あなたの身の回りの人のアウティングにならないように留意しましょう。
- ☑ あなたの性のあり方をどういう言葉で表現するか、今一度確認してみましょう。
- ☑ 話したくないことは話さなくて大丈夫です。取材を断ってもかまいません。話してしまった場合でも、伝えて欲しくない発言があれば、その場もしくはできるだけ早めに記者に伝えましょう。

2　取材を受ける際に以下のことについて確認しておきましょう

- ☑ 公開しても良い情報の範囲、報道にあたって配慮してほしい表現・事柄等についてもしっかりと記者に伝えましょう。
- ☑ 公開される媒体は、新聞なのか、ウェブなのか、テレビなのか等、どのようなものか確認しましょう。
- ☑ 記者の取材の目的や趣旨を確認しておきましょう。
- ☑ 必要があれば付き添いの人を連れて行ってよいか、記者に確認してみましょう。
- ☑ 編集権はメディア側にありますが、不安がある場合は、取材時・掲載前に発言内容や表現について、相談や確認ができるか早めに問い合わせてみましょう。

3　記事の公開後に以下のことを確認しておきましょう

- ☑ 報道の内容が間違っていれば訂正や修正を求めることができます。ただし、訂正や修正に応じてもらえるかは個々のメディアやケースによります。

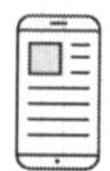
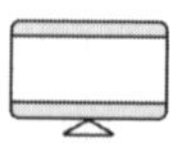

当者が見出しをつけたりするが、こうした点も不幸なすれ違いや誤解、トラブルのもとになってしまう。時に、報道が「命」に関わることがある点も認識しておきたい。

以上のような経緯で、取材する記者側と取材を受ける当事者側に最低限、知っていてほしいと思った点をまとめたのが「LGBTQ報道ガイドライン」だ。ガイドラインはLGBT法連合会のホームページ（https://lgbtetc.jp/news/2467/）から誰でも無料でダウンロードできる。ぜひ参考にしていただきたい。

なお、このガイドラインが報道機関を「縛っている」などと言われることがあるが、あくまで一つの指針として提案しているもので、拘束力はない。報道機関の中には研修などで「LGBTQ報道ガイドライン」を紹介している社もあり、よりよい報道を目指した取り組みとして広がりを期待している。

◉なぜ報道が少ないのか

改訂版の「LGBTQ報道ガイドライン」の特徴の一つは、トランスジェンダーをめぐる状況についてのコラムを載せたことだ。やはりこれをぜひ盛り込まなければならないと記者たちで話し合って載せた。どのような調子で書くべきか難しかったが、最終的に呼び掛けるような表現に

図表　「LGBTQ報道ガイドライン」に新たに追加したコラム

コラム：トランスジェンダーをめぐる状況について

生まれた時に割り当てられた性別と性自認が異なるトランスジェンダーの人へのバッシングが近年、強まっています。性自認に合わせて性別を移行することは、心身ともに簡単なことではなく、それ相応の年月がかかることもあります。それにもかかわらず「昨日男性だった人が、今日は女性だと主張してトイレや公衆浴場に侵入してくる」といった、まるでトランスジェンダーを性犯罪者のように扱う言説がSNSなどで目立ち、当事者を苦しめています。

性自認は個人の重要なアイデンティティーであり、単なる自称ではありません。トランスジェンダーはむしろ性暴力被害に遭いやすい、との調査もあります。そもそも、トイレや公衆浴場などの話に焦点が当たりがちですが、就労や教育など当事者の抱える課題は多くあります。

報道は、事実に基づかない言説や不安を煽ることなく、トランスジェンダーへの差別や困難の解消のために努めるべきではないでしょうか。

なった。

一方で、なかなかトランスジェンダーの話は報じられない。それはなぜかという明確な答えが業界内であるわけではないが、そもそも報道機関で働く人たちに女性が少なく、ジェンダーに関する話を取り上げにくいという問題があるのではないかと考えた。新聞社や通信社の記者における女性の割合は24.1％（2022年4月、日本新聞協会調べ[(1)]）で、管理職の割合はさらに少ない。

また、ジェンダーに関する記事がどれくらい掲載されているか、今回、2000年以降の毎日新聞と東京新聞のデータベースを調べた。単純に「ジェンダー」という言葉が登場する記事の数でいえば、2010年には両紙とも年100件に満たず、2000年よりも減っているなど、かつて非常に少なかったことが分かった。その後少ないながらも増加傾向ではあり、両紙とも2021年は2020年に比べ飛躍的に増えた。現場の実感としてもこの数年で性差別の話、女性が直面する困難の話がようやく載るようになってきたとは思う。例えば2022年には、3月8日の「国際女性デー」に合わせて東京新聞では1面で、貧困や性暴力などで居場所を失った女性を支える「困難女性支援法」への動きや、男女混合出席簿の導入が進んでいるという記事を報じた。毎日新聞でも、女性デーの翌日に1面でデモ行進の記事を、以降もその他ジェンダーにまつわるさまざまな記事を掲載した。

ではトランスジェンダーについてはどうか。「LGBT」というテーマでは、2015年ごろから記事がそれまでより多く掲載されるようになった。掲載されにくさもある一方で、新しいトピックとして、何かトレンドのように扱われて記事が載るようになった面もあるように思う。しかし、トランスジェンダーについてはまた事情が異なり、多くの課題がある。

昨今、主にSNSで、女性の安全を理由にしてトランスジェンダーを攻撃し、あたかも両者の間で対立が起きているかのように語られる問題がある。これについて取り上げるとなると、まず「ジェンダー」や「フェミニスト」という言葉だけで抵抗感を覚えるような人が社内に少なくないという課題に直面する。それから、報道機関で働く人は、社会で力を持つマジョリティ側の属性を持つ人が多いという点も関係があるのではないかと思う。人を単純にマジョリティかマイノリティかに振り分けることはできないが、シスジェンダーの男性で、異性愛者で、大卒で……という、日本社会におけるマジョリティ側の属性をいくつも持つ人が大半を占めている組織の中で、いかにマイノリティの問題に関心を向けさせるかという難しさを感じている。また、同性婚の法制化や選択的夫婦別姓制度を巡る複数の意識調査で、年代が上がるほど「賛成」の割合が下がるなど[(2)]、一般的に高い年齢層の方がジェンダーに関する認識は保守的な傾向があると思う。新聞社でいえば記事の方向性を決めたり、記者が書いた原稿を直したりする立場の「デスク」という管理職は、中高年が中心だ。若手記者の中にはLGBTQについて積極的に取材をしたいという人も見受けられるが、その意欲をなかなか生かせていない現状があるように思う。

◉事件報道と見出し問題

ここで、それぞれが日々感じている報道での課題を紹介したい。

藤沢

ニュースには、新しいものや珍しいものを報じる性質がある。事件報道では、普段は報道されないような軽い犯罪でも、その容疑者がいわゆる「女装」をしていたなど、何らか「普通」と異なると感じられる要素があると、その点を強調して報じてしまうことがある。近年、報道各社がウェブで読まれることに力を入れる中で、そうした傾向は強まりかねないと懸念している。また、トランスジェンダーの人が被害者であれ容疑者であれ事件に関わっている場合に、いつも通りの意識のみで取材や報道をすると、報じた側の想定を超えた影響を呼び起こすことがあると思う。ニュースが偏見を助長し、差別に加担することがないか、編集に携わる一人ひとりの認識や感度が問われていることを痛感する。ニュースはマイノリティを攻撃する材料に使われてしまうことがある。業界内でも知識や議論の蓄積がまだあまりない領域だが、取り組まなくてはいけない課題だと思う。

奥野

以前は、例えば「トランスジェンダー」が紙面の見出しになることはほぼなかったが、今は見出しになり、新聞の1面や社会面でも扱われるようになるなど変わってきている。トランスジェンダーの人権や尊厳を訴え、当事者らが東京・新宿の街を行進した「東京トランスマーチ」を取材した際、記事は翌日の朝刊社会面に載り、その際に『トランスジェンダー問題——議論は正義のために』（ショーン・フェイ著、明石書店、2022年）の翻訳者である高井ゆと里さんのインタビューも掲載した。

ただ、紙面の見出しは「自分らしい性でいたい」だった。私としては差別的な構造の問題や、マジョリティ側の問題でもあることを前面に出したかったが、新聞というメディアの特性上、より多くの人（マス）に向けての発信となると、当事者側の言葉や事情が見出しに取られやすい。見出し一つとっても、わかりやすさと正確性、当事者の思いなどの間で難しさを感じている。

◉記者としてどう向き合うか

私たちは、記者としてどのようにこれらの問題に向き合っていくべきか。考えていること、これからについてまとめた。

藤沢

まずはもちろん、記事を書いていくということに尽きる。また個人的には書いていくこと以外に、たとえば組織の中でも、トランスジェンダーを攻撃する立場の言説に共感する人が現れることもあり得るので、そうした相手とはしっかり話し、向き合っていきたい。よく、差別する側が差別される側へ「対話」や「議論」と称するものを気軽に呼び掛けることがあり、そうしたものについては、私は慎重な立場だ。しかし、同じ業界や職種で、報道に影響を及ぼすなど何らか責任ある立場の人が、誤った言説を信じたり発信したりするのは見過ごせない。前出の『トランスジェンダー問題』によれば、報道が差別に加担する例がイギリスであったという。日本でも一部ではすでに起きているが、それが広がることがないように、報道に携わる一人としてたたかっていきたい。

奥野

記者としてジェンダーやLGBTQの問題を取材し、記事を書いていくことが一番だが、同時に社会部に所属している今、いかに新聞の1面や社会面の「ニュース」として扱ってもらうかも重要だと感じている。保育や子ども関係の課題も取材しているが、いわゆる「オンナ・コドモ」とくくられる分野は新聞社内でもニュースではなくて生活・暮らしの問題と分類されがちだ。2021年はジェンダーの報道が増えたが、この年は衆院選で争点の一つに「ジェンダー平等」政策が挙がり、「多様性と調和」を掲げた東京五輪・パラリンピックが開催されるなど、政治・社会課題になったことが大きいだろう。

現状のLGBTQ報道は、まだまだ構造的な問題や課題があり、記者として悔しいことや、取材相手に残念な思いをさせてしまう時がある。ただ、その積み重ねで着実に変わってもきている。報道に携わる一人として、差別や偏見をなくし、よりよい社会にしていくために地道に書いていきたいと思う。

注

（1）日本新聞協会「従業員数・労務構成調査」2022年度

（2）たとえば、朝日新聞デジタル「同性婚、法律で『認めるべき』65%　朝日新聞世論調査」（2021年3月22日）など
内閣府「家族の法制に関する世論調査」2021年度　https://survey.gov-online.go.jp/r03/r03-kazoku/zh/z12.html

LGBTQの子ども・若者支援の現場とトランスジェンダーバッシング

遠藤まめた 一般社団法人にじーず代表

私は埼玉県出身でトランスジェンダーの当事者である。出生時に当てられた性別は女性で、現在はだいたい男性として生きている。

この5年ほどのトランスジェンダーへのバッシングはトランス男性ではなく、トランス女性に対して中心的に行われている特徴がある。そこには性差別・男女の差別に関する話が関わっている。男性が女性に移行することの方が、女性が男性に移行することよりも、よりセンセーショナルで、今の社会から見ると理解できず、「どうしてわざわざ？」と思われることが多い。トランス男性に対しての世の中の見方とトランス女性に対する見方では違いがあるということだ。女性らしく振る舞うことに対して、世の中は「人工的である」「わざとらしい」とみなす。一方、男性らしく振る舞うことに対しては「自然である」「男らしいことは女らしいことよりよいことだ」と、もともとみなす社会の眼差しがある。だからこそトランス女性に対する差別は、単にトランス差別ということだけではなく、女性らしく振る舞う人に対する偏見であったり、「どうしてわざわざそんなことをするのか」と、過剰に理由を求めたり、「普通ではない」とみなす世の中の見方がベースにあるのだ。そうしたことが書かれているのが、私が今仲間たちと翻訳プロジェクトを行っている『ウィッピング・ガール』（ジュリア・セラーノ著）という本である。

◉さまざまな困りごと

トランスジェンダーやその支援者へのバッシングの話に入る前に、まず、もともとトランスジェンダーにはさまざまな困りごとがあるという話から始めたい。

例えば校則。トランスジェンダーの子どもにとっては、自分の性別ではない性別で毎日過ごすように強制されるのが学校で、まるで罰ゲームのように「スカートを履きなさい」「髪の毛を切りなさい」などと言われ、それがルールになっている現状が続いている。そのことによる不登校の問題が長年ある。最近では、学校でも多様な人がいることを前提にルールをつくろうという動きがあり、制服であれば性別に関係なく自分の好きなスタイルを選べる、髪型に関しても性別に関係なくスタイルを選べる学校が増えてきた。これまではルールをつくる時にトランスジェンダーの人がいることが想定されておらず、ルールが人に合っていなかった。そのために学校に行けない子どもが出ていた。最近では人間にルールを合わせていこうと、ルールを見直す動きがある。

医療の問題もある。ジェンダークリニックなど、とくに若い世代が相談できる専門的な場所は少ない。東京の「にじーず」（LGBTユースのための居場所）に来る人が「ジェンダークリニックはどこに行ったらいい？」と話している状況で、このように、東京でも少ないのだから、地方都市にはユースが使える医療資源はまったくないと言ってよい。夜行バスや飛行機、新幹線に乗ったりして、ようやく行ける所にあるのが現実だ。

◉コミュニティが重要

なぜ「にじーず」のようなコミュニティが存在しているのかといえば、ほとんどの若者が「自分以外のトランスジェンダーを見たことがない。知らない」と思っているからである。「『にじーず』に来て初めて自分以外の当事者と出会った」「こんなことを考えているのはクラスで１人、学校で１人、この町で１人だ」と思っている。「にじーず」に参加すると、自分と同じようなことを話している友だちがいて、そんなこと言えないと思っていたのが「修学旅行に行った時に１人でお風呂に入りたい」などということが、実は学校に対して言ってよいのだと初めて気づく。ほかの人の話を聞いて、これまで仕方がないと諦めていたことが本当は差別だったのだと気づく。そんなことを言われる必要はなかったのだ、自分がされていたことはひどいことだったと初めて知る。何か困ったことが起こっても、次に「にじーず」に行った時に話せばいいと思えるのだ。

◉ルールを変えてほしい

「にじーず」は、単に居場所を運営しているだけではない。制服や宿泊行事の際の入浴のことなど、こういうふうにルールを変えてほしい、これが困った、あれが困ったということが出てくる。マイノリティの子どもは自分の口でそれを誰かに言わないと、その子が困っていることは解決しない。家族の理解があれば、代わりに先生に言ってくれるかもしれない。しかし、家族の理解がない場合、その子が頑張って「修学旅行ではお風呂に1人で入りたい」と言わなければならない。いろいろなルールを変えてほしいという子どもたちの要望を、子どもたち自身がどうやったら伝えられるようになるのか、子どもの意見表明が重要であると「にじーず」としては考えている。

東京都江戸川区の事例（写真左）は、高校3年生の生徒が性別に関係なく制服を選ばせてほしいという制服選択制を求め、1万筆の署名を区長に渡したものだ。この生徒の中学校は、女子はスカート、男子はズボンだったが、この行動によって選べるように変わり、江戸川区全体で制服が選べるように校則が変わるきっかけになった。

制服選択制を求める署名を江戸川区長に提出

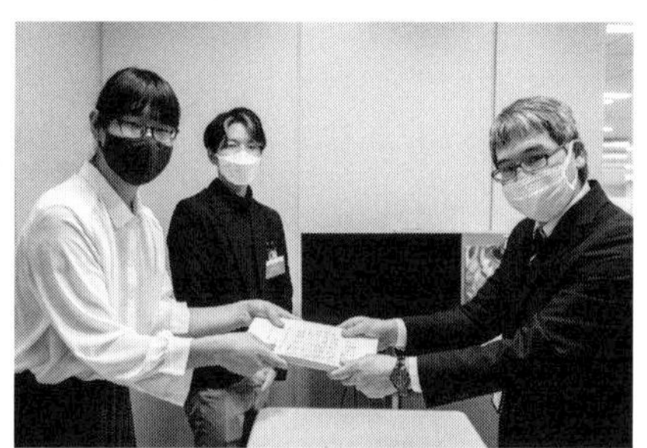

東京都への署名提出（2点とも写真提供：change.org）

右の写真は、個人で署名を集めていた大学生と一緒に東京都に要請している場面である。江戸川区は区長の決定で変わったが、東京都の場合は、各校長の判断に委ねるとしつつも、すでに進んでいる3つの学校をモデル校とし、ほかの学校に知らせていく取り組みをしている。2022年11月時点で、性別に関係なく標準服が選べるのが10校と、2021年度の3校に比べても増加した。また女子がスカートしか選べない都立の学校も35校から15校へと減少した。声を上げたことによる成果と思われる。

文部科学省は、性的マイノリティの児童・生徒については個別対応の範疇(はんちゅう)で言及しており、校則などの見直しにまでは踏み込んではいない。しかし、学校のさまざまなルールはトランスジェンダーがいる前提になっておらず、見直していかないと、「合唱コンクールは休んでしまおう」などと思う子どもが出て、楽しい行事にも参加できないことになる。昨今のSNSを中心に展開されているトランスジェンダーバッシングがなかったとしても、そもそもトランスジェンダーの子どもにとって、学校は大変な場所である。

◉支援団体への攻撃

ここからは衝撃的な話になる。グローバルな動きであるが、私たちのようなLGBTQの若者を支援している団体は今、攻撃にさらされている。

トレバープロジェクトという、アメリカでLGBTQの子どものための「いのちの電話」の取り組みをしている団体がある。

この団体のウェブサイトでは、漫画で活動内容を子どもたちに発信している。「最近、家にいづらいんだ」と話す子どもに対し、その友人が「トレバープロジェクトに連絡してみたことある？」と聞いている。「チャットで相談したいのだけれども、家族に履歴が知られたら嫌だな」「大丈夫。トレバープロジェクトのチャットは履歴が消えるから」というやりとりが記されている。

なぜこういう漫画が発信されているのかといえば、多くのLGBTの子どもたちにとっては、家族の理解がないからである。家族に知られたら何をされるか分からない状態の子もいる。だからトレバープロジェクトのチャットは子どもの安全性を確保し、安心して話してもらえるよう履歴が消えるようになっている。

これに対して「この団体のおとなたちは親が知らないところで、子どもたちをそそのかしている」と攻撃し、相談電話の番号に大量の問い合わせをしてパンクさせるような動きがある。LGBTQ支援団体が、子どもたちを洗脳しているとか、親の知らないところで「グルーミング」しているというのだ。イギリスでは、マーメイズというトランスジェンダーの子どもの支援団体があるが、同じように「子どもをそそのかしている」と攻撃の対象になっている。

当然私たち「にじーず」に対しても、このような書き込みがツイッターでたくさん行われている。「にじーず」に参加している子は、「今日は楽しかったな」と思って「にじーず」と検索すると、「にじーずは子どもたちを集めて、グルーミングしている」という言葉が目に入ってくるのだ。

「グルーミング」という言葉は、子どもに性的な虐待をしようと企む人が一見無害そうなおとなのふりをして、近づくことを指す。仲良くなった後に性暴力を行おうとする犯罪者に対して使われる言葉だ。今、LGBTQの支援団体のおとなや、LGBTQの人たちをサポートしようとする医療関係者、学校の先生、保護者が子どもたちを「グルーミングしている」と攻撃されている。

これは大変衝撃的なことだ。子どもたちを助けようと支援している人に対して、何というレッテル貼りなのだろうと憤りを感じるが、こうした言説を本当に信じている人は日本にもいる。そして、この攻撃の仕方は古典的なやり口でもある。

1970年代に、アメリカの歌手アニタ・ブライアントは、Save Our Children（子どもたちを守れ）という団体のリーダーとして、同性愛者が学校で働くことをグルーミングだからよくないと攻撃した。それから50年近くたち、同じやり方で攻撃が行われている。LGBTQに関する情報に触れると、子どもたちがLGBTQになってしまうだとか、LGBTQのおとなは若い世代にとってそもそも有害であるだとか、さまざまな表現のしかたで、排除言説が繰り返されてきた歴史がある。

「デトランス」という言葉もしばしば持ち出される。トランス（性別移行）した後に、以前の性別に戻って生活をすることを「再トランス＝デトランス」という。ハリー・ポッターの作者のJ・K・ローリングも「性別移行を望む少女が急増している。後悔して以前の性別にもう一度戻る＝デトランスする人が増えている」との持論を展開している。

実際はデトランスする人は大変少ない。J・K・ローリングは英国の人だが、英国のNHS（公的保健医療制度）の報告書によれば、NHSを使って性別移行をした3398人に調査したところ、性別移行を後悔していたのは0.47％だった。後悔していた16人のうち10人は以前の性別に戻っている状態を一時的なものだと答えていた。この報告書では性別移行した後に元に戻る理由の多くは、性自認の変化というよりは社会的な困難によるもので、ほとんどは一時的なものであるとしている。現実には、ジェンダークリニックすら少なく、性別移行しようと思っても、医療機関がない。英国では26％のトランスジェンダーが最初のカウンセリングの予約を入れるのに2年以上待っているという調査もある。「少女を守れ、女の子を守れ、子どもを守れ」と言って、現実に苦しんでいるトランスジェンダーの子どもを追いやる、支援者を追いやるのが最近の動きだ。

『トランスジェンダー問題――議論は正義のために』（ショーン・フェイ著、高井ゆと里訳、明石書店、2022年）という本がある。LGBTQ団体がグルーミングをしているとか、子どもたちを騙（だま）して儲けようとしている人がいるとか、そういうあり得ないことにリソースを割くのではなく、この本のタイトルが言うように、そもそも今苦しんでいる子がいて、その子たちを助けるために何をしたらいいのかをもっと議論したい。

この5年間はトランスジェンダーに対するさまざまなバッシングがあり、そのデマを消すことに時間を割き、記事を書いてきた。正直うんざりしている。制服選択制を含めた校則の見直しや、全国的にまだまだ数の少ないLGBTユースの居場所を広げること、子どもの意見表明の機会を確保することなど、やりたいことはたくさんある。悪意のあるデマや攻撃に対処している場合ではない。本来の仕事に集中させてほしい。

◉メディア報道の中のトランスジェンダー

事件報道を見ていて厳しいと思うことがある。「トランスジェンダーの山田さんが今日も無事に用を足せました」ということは絶対にニュースにならない。そんなことには誰も興味がないのだ。しかし、トランスジェンダーのうち、1人でも何かトラブルがあったと報じられれば、それが拡散されてネットでその日に一番読まれたニュースになる。法的な性別とは異なる性別のトイレを日常的に使い、それがとくに問題にもならない当事者はたくさんいる。ところが当事者の実態を何も知らない人は、ニュースを見て「トランスジェンダーが性自認に従ってトイレを使うことはトラブルの原因になる」と思って終わりである。

何を取り上げて、何を取り上げないのかが歪（いびつ）だと思う。アメリカでトランスジェンダーの高校生がシスジェンダーの高校生に試合で勝ったと話題になる。次の試合で、その人がシスジェンダーの生徒に負けてもニュースにはならない。トランス女性のアスリートは結構負けている。女子スポーツで「無双」しているわけではない。そして、トランスジェンダーの多くがプロスポーツに参加するどころか、公共施設のジムを使うことにさえ躊躇（ちゅうちょ）する。更衣室が男女で分かれており個室もないので、スポーツをする手前で排除されていると言ってよい。子どもたちは男女で分かれているからという理由で、部活動や習い事の選択肢が狭められる。そのようなことはけっして注目もされない。報道で取り上げられることは偏っていて、物珍しいふうに語られている。しかしそれはトランスジェンダーの日常の中ではわずかな部分でしかない。トイレや風呂などの話ばかりされて、うんざりしている。私たちは「水回り」にだけ生きているわけではない。トランスジェンダーが仕事に就けない、性暴力に遭ったなどという話は話題にならない。宝塚大学看護学部の日高庸晴教授がLGBTQ+を対象に2019年に行った調査（有効回答数1万769人）では、トランス女性の57%、トランス男性の51.9%が性暴力被害経験を有していた。トランスジェンダーが被害に遭った際、警察や支援機関などで偏見や無理解にさらされ、二次被害を受けることがある。

マジョリティの偏った関心に合わせるのではなく、トランスジェンダーの人がこの部分を知ってほしいと思うところを知ってもらえないと、そもそも論点がずれてくると思う。私たちは、ドキュメンタリー映画の上映会を各地で企画してもらったり、オンラインで「トランスジェンダー映画祭」をやり、トランスジェンダーが出ているドキュメンタリーを扱っている。これまでの映像作品はシスジェンダーの人がつくったフィクション（想像）ばかりだったからだ。

そういう状況の中で、2021年には私たちは『トランスジェンダーのリアル』（「トランスジェンダーのリアル」製作委員会）という、手記を掲載した冊子をつくった。何とかして世の中に広めたい。LGBTQの当事者は少なく、その中でもトランスジェンダーは人口の0.5%程度で、活動している人も少ない。LGBTQ団体の人たちがたくさんの仕事にボランティアで取り組んでいる状況があることは承知しているが、トランスジェンダーに特化した映画の上映会でも、パネル展でも、年に1つでも、次年度の年間計画を立てる時などに、「ああ、そういえばトランスジェンダーのことを1つやろう」と、集まって話し合えるような、学べる機会をつくってくれたら嬉しい。

トランスジェンダー差別を考える
女性差別に怒っている者として

太田啓子 弁護士

私は神奈川県藤沢市で弁護士をしている。普段の仕事は離婚事件が主で、性差別、ジェンダー問題に関して文章を書いたり講演する機会は多いものの、同性婚弁護団やトランスジェンダーの権利擁護に関する裁判に関わることはしたことはない。そのため、LGBTQの法的な権利について専門的知見から解説するという役割であれば私は適任ではないのだが、本書への参加に声がかかったのは、私が普段からSNSなどで女性差別に怒っているからだと理解している。

女性差別に怒っている人が、同時にトランスジェンダー差別についても深刻な問題であるととらえて、なくすべきだという声を上げることが今、非常に大事だと思う。そういう役割であれば少しでも果たしたいと考えて本書に参加することとした。

◉性暴力への恐怖をないがしろにし過ぎてきたことのツケ

昨今起こっているトランス差別をめぐる状況は、「頭が痛い」「困った問題だ」というレベルの言葉では足りない。女性差別に怒り、社会から性差別をなくしたいと発言している、そういう意味で「フェミニスト」と私には見える人たちの中に、トランスジェンダー差別に鈍感であったり、問題をなかなか認識できなかったり、もっと言えば積極的に加担していると見える言動があることである。

具体的には、ツイッターではしばしば、「トランス女性が女性トイレを使うことの是非」というように「議論」されたり、「トランスジェンダーの権利を保障するためには、『自分は心は女性だ』といえば、トランス女性なのだから、女性トイレも女性風呂も使わせろということになってしまう。しかし性被害を怖れる女性がいる以上、女性スペースにはトランス女性が入るべきではない」などという、荒唐無稽な言説が、「女性の安全を守るため」という体裁で展開されていたりする。現実にはトランス当事者こそが、例えば女性スペースで「女性ではないのでは」と不審な目で見られてトラブルになることを避けたいと考え、それぞれに折り合いをつける方法を模索しながら日常生活を送っていることがほとんどである。そしてトランス当事者の権利の観点からは就職や医療における不利益等もっと切実で重要な議論がある。それにもかかわらず、当事者の声を聞かないまま、現実と遊離した「議論」がなされ、そこで差別的言説が拡大再生産され続けてしまうことを強く懸念する。

実際には「トランス当事者の権利尊重」と「女性への暴力をなくすこと・女性の安全」は何も矛盾しない。それにもかかわらず、トランス差別言説の中には、まるで、「トランス当事者の権利尊重のためには、女性の安全は一歩引くよう求められている」と受け止める女性たちが、「女性の安全をないがしろにするな」と声を上げ、その中でトランス当事者に無理解な差別的言動をしてしまっているという類型のものが明らかにある。

私もフェミニストでありたいと思っている人間の一人なので、このような差別的言説がフェミニストの中からも出てきてしまっているという状況はきわめて憂慮すべきゆゆしき問題であり、フェミニズムが問われている状況だととらえている。

これにはいろいろ要因があるだろうが、トランス差別言説が拡散してしまう背景の一つには、この社会が、女性に対する暴力、とくに性暴力への恐怖と精神的苦痛をないがしろにしすぎてきたということはあるのではないかと思う。

このことは、「性暴力被害に遭ったことがあるから／それを怖れているからトランス差別言説に染まってしまうのも無理はない」という意味ではけっしてない。何かの差別に苦しんでいるということは、他の差別に加担することを何ら正当化するものではないのは当然である。また、性暴力への恐怖とは違う要素からトランス差別言説を繰り返している活動家の醜悪さも強調してしすぎることはない。

ただし、性暴力への恐怖に日本社会が今まで真摯に向き合ってきたなら、性暴力への恐怖をいわば便法にしたトランス差別拡散は、今のような質量では起きづらかったのではないか、ということである。

この社会では、性被害を訴えると、バッシングされ、声を聞いてもらえないということを、多くの女性たちは、自身の経験や他の女性たちの姿から嫌というほど学ばされている。「今までもずっと、性被害を怖れる声はないがしろにされてきた。今度は、『トランス当事者の権利の尊重のため』という言い方で、女性の安全を求める声を我慢させられるのだ」という感覚に基づく言説は、これまで現実に性暴力への恐怖が軽んじられてきたためにこそ、一定の信憑性をもってしまっている側面があると感じる。

その意味で、トランス差別言説は、男性からの性被害に遭い、警戒したり傷ついたことがある人たちの恐怖感に乗じることで、拡散力を得てしまっている現象だと思う。実際、例えば女性トイレでの性犯罪や女湯での盗撮が法的にも社会的な文脈でも軽く扱われているなど、「女性の性的尊厳、女性の安全は軽んじられている」という心情そのものには、確かに、社会的実態による裏づけが十分すぎるほどある。女性たちの声を聞かず、性暴力を怖れる声を軽んじ続けてきたことの「ツケ」がこういう場面でも現れているということだろう。

◉地道に言葉を紡いでいく

トランスジェンダーの権利擁護の動きの中で、あたかも「女性の安全は一歩引いてください」と言われているかのように思い込んでしまい、警戒のためにトランス当事者への差別的言説に引っ張られてしまっている現象に対しては、いったいどうすればいいのだろうと考え続けている。

私は、遅まきながら数年前にようやくネット上のトランス差別言説の深刻さに気づいてからは、女性差別に反対することとトランス差別に反対することは何も矛盾しないということを一人でも多くの人が可視化する必要があると思い、女性差別についての問題意識をよく書いているツイッターで、あえて、「トランス差別については、こういうことだと私は理解するようになった」いうことを、意識的に発言するようにしてきた。

そのような中で、LGBT法連合会事務局長の神谷悠一さんの『差別は思いやりでは解決しない』（集英社新書、2022年）の刊行記念対談をさせていただいたり、報道にコメントする機会があった*。

2021年12月にNHKで報じられた大阪の事件で、「女性トイレに戸籍上は男性の性別の人が侵入して建造物侵入罪の容疑で書類送検された。本人は『性自認は女性』と述べている」という趣旨の報道があった。これについて、当初の報道ぶりがトランス女性に対する偏見をいたずらに助長しかねないと警戒感が広がり、記者から取材を受けて述べたコメントがウェブ記事に掲載された。その時期、「私も前は分かっていなかったがこういうふうに理解した」ということをツイッターに意識的に書いた。すると、疑問をぶつけてくる反応が攻撃的なトーンのものも含め多くあった。それに対しては、どれくらい意味があるか分からないが、私としてはなるべく丁寧に淡々と返事をしていくことをした。直接やりとりしていた相手ではない方が、ツイートのやりとりを見ていて「この説明でやっと分かった」と伝えてくるということもあった。非常にささやかだが、例えばこういうことを地道にやっていく人を増やすことに意味があると思っている。

トランスジェンダーへの差別的言説を目にした場合には、「それは差別である」と厳しく批判すべきである。それと同時に、差別的言説に親和的になっている人の中には、性暴力への恐怖がその背景にある可能性もあることを念頭に、トランス差別への批判は、性暴力への恐怖の軽視とはまったく異なるものであること、性暴力への恐怖を差別の便法にしてしまうこと自体が差別意識から目を逸らすものであることを伝える言葉を、試行錯誤し続けるしかないように思う。デリケートで困難な試みではあるが、そこから始めるほかないのだろう。

もとより性暴力対策が乏しすぎる現状の改善は、トランス差別言説とは関係なく、それ自体喫緊の課題として進められるべきであるが、その副産物として、トランス差別言説の問題の理解が深まりやすくなることも期待したい。

◉マジョリティがすべきこと

私は性差別構造におけるマイノリティ当事者として、女性としての抑圧、自分が女性だから受けた性被害などいろいろな個人的原体験から、女性差別には問題意識があり、折あればツイッターなどで発信したり、メディアのインタビューに応じるなどしてきた。しかし同時に私は、シスジェンダー女性という意味ではマジョリティであり、トランスジェンダー当事者の抑圧、日常的な被差別経験については当事者として経験することはなく、恥ずかしながら近年まで想像する機会もなかった。「女性差別に怒ってはいるが、トランスジェンダー差別については無頓着・無関心な人」と見えていた時期もおそらくあったと思う。そのため、トランスジェンダー当事者のリアルを知る機会がないまま、差別的言動だという自覚がないまま差別的言動をしてしまうことがあるということは、私自身容易に想像できる。

LGBTQのことに限らず、いろいろな差別において、マジョリティ側が「自分は日常的に何も困っていない」という時、「困っている人が現にいる」ことを意識的に見なければいけないと思う。LGBT法連合会のウェブサイトに「困難リスト」が掲載されている。これを私は講演の時などに引用している。子ども、教育、就労、家族関係などの場面別に、私が当事者として直面することはない困難がたくさん記載されている。私はシスジェンダー（性自認が生まれた時に割り当てられた性と一致）、ヘテロセクシュアル（異性を好きになり、性的な欲求も持つ性的指向）であるので、この困難リストを目にすると「ああ、そうか。なるほどこういう困難があるのだ」と思うが、逆に見なければ、言われなければ、自分自身は困る経験をしたことがないので、想像が及ばないことがある。

マジョリティ側は、意識的にマイノリティの困難を見に行こうとしなければいけないと思う。これは、女性差別の問題を問う場合に、女性たちがシスジェンダー、ヘテロセクシュアルの男性たちに要求していたことだ。「女性がどんな困難にぶち当たっているか、あなたには見えづらいはずだ。女性が声を上げているのだから、まずは聞きなさい。そんなことはない、大したことはないと決めつけるな」「当事者の声を聞かず『解決策』を押しつけるな」と言ってきたはずだ。その言葉は、自分がマジョリティ側である時には自分にも向けられるものでもある。

◉差別に声を上げるのは、自分のため

女性差別の問題は私の原点でもあり、そこにこだわって生きてきたつもりである。よい人だけれども性差別についてはさらっと鈍感なことを言うという男性に苛立った経験を持つ女性は多いと思う。それは、マジョリティであることからくる鈍感さに対する苛立ちである。「『女性頑張れ、応援している』ではなく、あなた方が動かなければ、女性差別はなくならないでしょう」と私はよく思う。そのように、差別解消のためにはマジョリティ側こそが動くことが重要だと普段思っているのに、いざ自分がマジョリティ側にいる時には自分に見えづらいものには鈍感であるというのでは、言動不一致すぎるので、常にそうできているかはわからないが、自分がマジョリティ側の時にはその責任を少しでも果たせるよう意識したいと思う。

私は日本では日本国籍で、今のところ何の障がいもないシス・ヘテロ女性であるなど、女性だということ以外ではマジョリティ性が多い人間として生きている。しかし人は誰でも弱さを抱えているはずで、「今の自分が困っていないからそれでよい」と考える人ばかりであれば、社会全体が悪くなってしまう。「自分はその差別で直接的には困っていない」という時こそ、あえて声を上げることが、差別解消のために必要であり、よりよい社会をつくることにつながるのではないか。社会をよくしたいという素朴な思いが根本的には私にはある。アライなどと自称するのはおこがましいが、自分が当事者ではない時こそ差別に声を上げるということは、自分が住む社会がよりよくなることにつながるので、究極的には自分のためだというのが私の感覚である。

声を上げる方法は一つではないが、例えば市民運動のスキルとして、

「コミュニティ・オーガナイジング」(https://communityorganizing.jp/)はぜひお勧めしたい。『コミュニティ・オーガナイジング――ほしい未来をみんなで創る5つのステップ』(鎌田華乃子著、英治出版、2020年)、『ヨノナカを変える5つのステップ――マンガでわかるコミュニティ・オーガナイジング』(鎌田華乃子 著、沢音千尋漫画、大月書店、2022年)等実践的な書籍も出ている。小さいことでも、それぞれの持ち場でできることをやる人が増えることに希望がある。

＊対談が掲載されたウェブサイト　集英社新書プラス、著者インタビュー「性暴力被害をないがしろにしたツケがいま回ってきた」https://shinsho-plus.shueisha.co.jp/interview/%e%80%90%e5%af%be%e8%ab%87%e3%80%91%e7%a5%9e%e8%b0%b7%e6%82%a0%e4%b8%80x%e5%a4%aa%e7%94%b0%e5%95%93%e5%ad%90/21672

ジェンダーに基づく暴力とトランスジェンダーバッシング

北仲千里　NPO法人全国女性シェルターネット共同代表

◉トランスジェンダーに対する偏見

近ごろ、性暴力やDVに遭った女性が男性の加害者を恐れて嫌悪する気持ちを利用して、トランスジェンダー女性をその加害者と同一であるかのようにあおる、なんともばかばかしい動きがあることに強い危機感を感じている。

よく人は、自分の知っている枠組みにはまらない人を奇異の目で見たり、不安に感じたりするものである。また、「男性が女性のお風呂とか覗(のぞ)けるんだったら、ラッキーだよね」という、ふざけた妄想のようなものもあったりする。

どちらも古典的なトランスジェンダーに対する偏見だが、現実に生活して人生を送っているトランスジェンダー当事者と知り合っていくと、そんな偏見は消えていくものだと私は思っている。残念なことに、このごろ、そうした昔からあった偏見を利用し、それが女性への性暴力の被害のリスクや安全を脅かすのだという語り方がされているが、性暴力やいじめの被害者支援をしている私たちのような立場からしてみると、どんな性別の人でも性暴力やいじめ、虐待の被害に遭うべきではないし、どんな被害者も支援されるべきである。

◉問題にすべきは社会の構造

私たちが問題にしているのは、どういう人が、社会の構造からして被害のターゲットになりやすいか、そういう人が被害を受けてもますます笑われたり、いじめられたり、その被害を否定されたりしやすいのかという構造の方である。この、Gender-based violence（ジェンダーに基づく暴力）というものは、女性の問題ではない。男性が女性を殴ったり、レイプをしてもよいと考えたり、他人をそそのかしたりして、加害者を許す社会構造が問題なのである。これをもう少し正確に言うと、女性だけではなく「シス・ヘテロ男性でない者」が、シス・ヘテロ男性からいじめられて、暴力をふるわれていいと思われて、バカにされるという、そういう社会だということである。そうすることで、自分たちは優位な側にいるのだということを確認しようとする、そういう行為なのだと思う。したがって、女性だけではなく、むしろそれ以上に、セクシュアル・マイノリティの人に対する性暴力や虐待、いじめは苛烈なものであると言わなければならない。そして私たちは、そのような蔑みや虐待の上に成り立っている支配する男としてのプライドや仲間意識のおぞましさ、醜さこそをぶち壊さなければならない。

世界のDVのシェルター運動は、これまでは誰も耳をかさなかった声に耳を傾け、被害者が被害者を助ける活動として展開されてきた。単なる被害者支援ではなく、被害者一人ひとりを助けることによって、世の中を変えていくのだ、と考えられてきた。

私自身は、これからも多様な性別やセクシュアリティの持ち主である友人たちと、素晴らしい時間をたくさん過ごす中で、一緒に性別とは何なのだろうということを議論したり、性暴力や虐待を減らす活動をしていきたい。

Gender-based violence とは
「ジェンダーに基づく暴力」
それは、「女性の問題」ではない
なぜ、加害が許されるのか（なぜ、加害が称揚される・そそのかされるのか）
という方に目を向けるべき

さらに正確に言うと、
「シス・ヘテロ男性でない者」に対する蔑み、踏みつけの上に作り上げられる男社会の支配を確認する行為

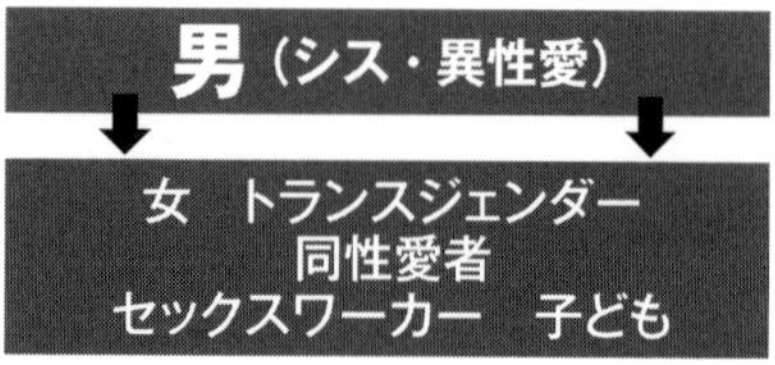

男（シス・異性愛）
↓ ↓
女　トランスジェンダー
同性愛者
セックスワーカー　子ども

ICD-11（国際疾病分類第11版）の理解と法整備への期待

中塚幹也 GID学会理事長、岡山大学教授

GID（性同一性障害）学会は医療を中心として発足した学会であるが、トランスジェンダーの方たちの課題全体に取り組んでいる。WHO（世界保健機関）によるICD-11（国際疾病分類11版）は2022年1月から発効しており、大きく変わった点がある。今まで使用されていた「性同一性障害（gender identity disorder）」という名称が「性別不合（gender incongruence）」と変わり、定義も変わった。今までは「身体の性」と「心の性（性自認）」が一致していないということであったが、「出生時に割り当てられた性（assigned sex）」と「実感する性（experienced gender）」が一致していなければ「性別不合」と診断されることになった。

もう一つ、大きく変わったのが、今まで「精神疾患」に分類されていたが「性の健康に関する状態」に分類されるようになったことである。「脱病理化」である。病気、とくに精神疾患と言わなくてもよいのではないかということである。これまで、性同一性障害当事者への対応は、「医療モデル」で進んできた。性別不合となり、「生活モデル（あるいは『人権モデル』）」の部分が大きくなってきている。

もちろん「医療モデル」の課題も依然として存在している。われわれGID学会では認定医や、コーディネーター制度をつくっており、手術したいという方に関しては、ようやくいろいろな施設で手術できる状態になってきている。しかし、2018年から手術療法が保険適用になったものの、ホルモン療法はまだ保険適用になっていないため、混合診療の問題で、性別適合手術の保険適用は実質的に進んでいない。ホルモン療法への早急な保険適用が望まれる。

「生活モデル」の中で課題を解決していくためには、法律や制度がつ

くられる必要があるし、日本人の意識が変わる必要がある。これは、教育、就労、健康、妊娠、出産、さらには養子縁組や第三者の関与する生殖医療を含めた家族形成、介護などさまざまな分野に及ぶ。例えば、生殖医療に関しては、生殖医療民法特例法（2020年成立）の改正が期待されている（2023年5月時点では改正案は提出されていない）。提供精子・卵子による生殖医療において、LGBTQ当事者がその対象になるのかどうかは重要な問題であり、対象から排除されてしまうのではないかという危惧がある。

また、「性同一性障害者の性別の取扱いの特例に関する法律」（性同一性障害特例法）に関しても、戸籍上の性別は生活の質に大きく影響することから、長らくわれわれはその課題を提起してきた。2003年に特例法が成立し、2004年から戸籍の性別を変えることが可能になった。戸籍の性別変更には、2人以上の専門医による「性同一性障害」であることの診断が必要で、①18歳以上であること（2022年に「20歳以上」から改正）、②現に婚姻をしていないこと、③現に未成年の子がいないこと（2008年に「子がいない」から改正）、④生殖腺がないこと又は生殖腺の機能を永続的に欠く状態にあること、⑤その身体について他の性別に係る身体の性器に係る部分に近似する外観を備えていること、が要件となっている。

資料として示す2021年のGID学会理事長声明であるが、われわれがこれまで主張してきたものをまとめた提言である。「子なし要件」に関しては、子どもがいないことを望む親や、自分がいるから親が性別を変えられないと思う子どもをつくってしまうため問題があり、削除すべきと長年主張してきた。

「手術要件」に関しては、WHOなどの国際諸機関が、2014年、そのような要件を入れている国は外すべきであるという声明を出している。われわれもこれに対して賛同する声明を出している。われわれは、「（戸籍の性別変更とは関係なく）手術を受けるかどうかを本人が選択できるように」と考えている。多様な方がおられ、必ずしも手術を必要としない、あるいは医学的、経済的な理由で手術できない方もいるので、その点も考慮すべきである。もちろん手術要件がなくなったからといって、手術を求める方がいなくなるわけではない。医療体制の整備も並行して進めていくというスタンスでわれわれは活動している。

【資料】

「性同一性障害者の性別の取扱いの特例に関する法律」の改正に向けたGID（性同一性障害）学会からの提言

2021年5月21日

GID（性同一性障害）学会 理事長 中塚幹也

戸籍上の名前や性別は、健康保険証、パスポート、住民票などの基本となっており、性同一性障害当事者が日常生活を送る上で大きな意味を持っています。戸籍上の名前の変更に関しては、以前から、性同一性障害であることの診断書と通称名の使用実績があれば可能でしたが、性別の変更は原則として行うことができませんでした。2001年には、故・大島俊之教授（GID学会前理事長）の支援のもと、性別適合手術を受けた全国の性同一性障害当事者6名が家庭裁判所に戸籍の性別訂正のための裁判を起こしましたが、却下が相次ぎました。

しかし、その課題が社会に知られる契機となり、また、「戸籍訂正の可否は立法にゆだねられるべき」と結論づけた判決文が出されたことから、法律制定の機運も高まり、ついに、2003年には自民党の南野知恵子参議院議員らが中心となってまとめた「性同一性障害者の性別の取扱いの特例に関する法律（平成15年7月16日法律第111号）」が成立しました。そして、2004年より性同一性障害当事者の戸籍上の性別変更が可能となりました。

現在、戸籍上の性別変更のためには、原則として以下の要件が求められています（第3条）。

1. 20歳以上であること。2. 現に婚姻をしていないこと。 3. 現に未成年の子がいないこと。(2008年、「現に子がいないこと」から改正された。) 4. 生殖腺がないこと又は生殖腺の機能を永続的に欠く状態にあること。5. その身体について他の性別に係る身体の性器に係る部分に近似する外観を備えていること。

このように戸籍上の性別変更を可能にする法律でありますが、これらの要件の中には、性同一性障害当事者にとって必ずしも適切とは言えないもの、大きすぎる障壁となっているものも含まれています。戸籍の性別変更ができないことで、就労や医療施設への受診、結婚、子どもを持つことなど、社会生活上の困難を抱えている例も見られ、うつや不安症、自殺念慮を助長する要因にもなっています。その解決に向けて、GID学会理事会は「性同一性障害者の性別の取扱いの特例に関する法律」の改正、あるいは新たな法律の成立に向けて、以下、提言します。

〈提言1〉「現に未成年の子がいないこと」（いわゆる「子なし要件」）の撤廃を求めます。

「子なし要件」は「子どもを持つ性同一性障害当事者の性別変更を認めると、家族秩序に混乱を生じさせる」として、子の福祉、および家族に関する法体系の維持の観点から設けられたとされます。しかし、両親のうちの一方が性同一性障害である家庭に育った子どもの調査からも子どもの心の性（性同一性、性自認）の発達は影響されないことが報告されています。また、戸籍の性別変更のための要件として「子どものいないこと」を法律に明記している国は、日本以外にはないとされます。さらに、この要件があることで、「性別変更のために、子どもがいないことを願う親」や「親が性別変更できないのは自分のせいだと悩む子ども」を作ってしまうことになり、明らかに問題があります。このため、「現に未成年の子がいないこと」(いわゆる「子なし要件」）の撤廃を求めます。

〈提言2〉「生殖腺がないこと又は生殖腺の機能を永続的に欠く状態にあること」「その身体について他の性別に係る身体の性器に係る部分に近似する外観を備えていること」(いわゆる、「手術要件」）の撤廃を求めます。

WHO等の国連諸機関は、2014年5月30日に「強制・強要された、または不本意な断種の廃絶を求める共同声明」を発表しました。この共同声明は、特定の人々において、生殖腺の機能を永続的に欠く状態にするための手術（断種）などのうち、本人の同意に基づかない医療処置は、健康・情報・プライバシーに関する権利、生殖に関する権利、差別されない権利、拷問と残虐及び非人道的又は品位を傷つける取り扱い又は処罰からの自由に関する権利など、様々な公文書が保障する人権を侵害するものであるとして強く非難しています。特に、トランスジェンダー が「出生証明書および他の法的文書における性別記載を望む性に変更するために断種を含む様々な法的・医学的要件を満たさなければならないこと」を人権侵害の例として挙げ、「この手術要件は身体の完全性・自己決定・人間の尊厳の尊重に反するものであり、トランスジェンダーの人々に対する差別を引き起こし、また、永続させるものである。」としています。

本学会は、この国連諸機関の共同声明「強制・強要された、または不本意な断種の廃絶を求める共同声明」を支持することを表明しています（学会理事長声明「GID（性同一性障害）学会は、国連諸機関による『強制・強要された、または非自発的な断種の廃絶を求める共同声明』を支持します。」http://www.okayama-u.ac.jp/user/jsgid/210329_seimei_kokuren.pdf)。その趣旨に沿い、「生殖腺がないこと又は生殖腺の機能を永続的に欠く状態にあること」という要件の撤廃を求めます。

また、「その身体について他の性別に係る身体の性器に係る部分に近似する外観を備えていること」という要件に関しても、手術を受けたくない性同一性障害当事者にとっては、戸籍上の性別変更への大きな障壁となることがあります。公衆浴場、公衆トイレ、更衣室等の男女別での利用を想定した場合に、他の利用者とのトラブルや社会の混乱を避ける観点から設けられたとされますが、ほとんどのトランスジェンダー当事者は混乱を避けたいと考えており、現実的にこのような状態が起きることは稀と考えられます。また、これらは施設管理者等による運用により解決できる問題でもあります。このため、「その身体について他の性別に係る身体の性器に係る部分に近似する外観を備えていること」という要件の撤廃を求めます。

2019年1月、いわゆる「手術要件」についての最高裁判所初の判断は、「現時点では合憲」というものでした。しかし、同時に「規定は個人の自由を制約する面があり、その在り方は社会の変化に伴い変わる」「合憲かどうかは継続的な検討が必要」と指摘しています。さらに補足意見として、このような要件には「違憲の疑いが生じている。人格と個性の尊重という観点から適切な対応を望む」と裁判長及び1名の裁判官は述べています。このことからも、早急に、いわゆる「手術要件」撤廃に向けた議論がなされることを求めます。

もちろん、トランスジェンダー当事者、特に性同一性障害当事者が、自ら手術療法を求めることも多く、今回の提言は、これを妨げるものではありません。適切な医療を提供することと、それを性別変更の条件とすることは分けて考えるべき事柄です。本学会では、今後も保健医療サービスの確保のために、ホルモン療法や手術療法などの身体的治療の実質的な保険適用を求めるとともに、診療拠点の拡充を推進します。

〈提言3〉「性同一性障害者」との名称やその法的な概念や定義の変更を求めます。

「性同一性障害者の性別の取扱いの特例に関する法律」においては、「性同一性障害者」を以下のように説明しています（第2条）。

第二条 この法律において「性同一性障害者」とは、生物学的には性別が明らかであるにもかかわらず、心理的にはそれとは別の性別（以下「他の性別」という。）であるとの持続的な確信を持ち、かつ、自己を身体的及び社会的に他の性別に適合させようとする意思を有する者であって、そのことについてその診断を的確に行うために必要な知識及び経験を有する二人以上の医師の一般に認められている医学的知見に基づき行う診断が一致しているものをいう。

WHOにより、国際的な疾病分類が改訂され、最新のICD-11では、gender identity disorder（性同一性障害）の名称はgender incongruence（邦訳は「性別不合」の予定）と変更され、その定義も修正がなされています。また、「障害・疾患」というよりも「（性の健康を保障していく上で医学的な対応が必要となることのある）状態」という概念に変わっています。WHOは2022年1月に、ICD-11を正式に発効する予定であり、日本において「性同一性障害」という言葉は使用されなくなります。本学会も「性同一性障害」という言葉を使用しない方向で検討しています。このような現状に鑑み、「性同一性障害者の性別の取扱いの特例に関する法律」においても、「性同一性障害者」との名称やその法的な概念や定義の変更を求めます。

参考文献

GID学会ホームページ：http://www.okayama-u.ac.jp/user/jsgid/

提供精子・卵子による生殖医療　親子関係を明確化する法案提出を契機に望まれる本格的な議論。Yahoo!オーサー　https://news.yahoo.co.jp/byline/mikiyanakatsuka/20201026-00204687

COLUMN

性別欄とジェンダー統計

岩本健良
金沢大学准教授

トランスジェンダーは、出生時に戸籍や住民票に記載された性別に違和感を持つ人を指し、そのため多くのトランスジェンダーにとって性別欄は鬼門になっている。性別の記入を求められること自体が苦痛で尊厳を損なわれがちである。加えて書類上の性別と外見が異なることで、就職活動などさまざまな場面でハラスメントや差別も生んでいる。こうした人権上の課題があることが認識されるようになり、高校の入学願書や履歴書、選挙の投票所入場券などから性別欄を削除する動きが広がってきた。他方で、性別欄を廃止すると男女格差の正確な把握が困難になり、男女差別の解消に支障を来すという懸念も生じている。

こうした背景から、内閣府男女共同参画局に「ジェンダー統計の観点からの性別欄検討ワーキング・グループ」が設けられ（筆者も委員として参加）、2022年9月に「ジェンダー統計の観点からの性別欄の基本的な考え方について」（取りまとめ）を公表した(1)。「性別欄の有無に関する拙速な対応は慎むべき」として、フローチャートでは、複数の判断基準から、ハラスメントや差別による困難への理解と配慮の上で性別欄を設けるか、「不要とする判断もありえる」かを示している。

この取りまとめでは、トランスジェンダーの置かれている困難な状況をふまえた配慮の必要性、ジェンダー統計の継続的な必要性の双方とも重要という基本は示されているが、どのように両立させるかの具体策については十分とはいえない。ジェンダー統計や性別欄をめぐる国内外の事例や統計調査、近年の国際的な動向も紹介されたが、要否の明確な判断基準、適切な設問（質問文や選択肢）の具体的内容については、残念ながら示されなかった。この性別欄がジェンダー統計に影響する／しないのか、男女共同参画に役立つ／役立たないデータなのか、多くの人にとって判断が難しい場合も少なくないであろう。

とはいえ、「拙速な対応は慎むべき」ということは、現状の性別欄に潜む問題を漫然と放置しておいてよいということではない。すでに実態として、自治体や省庁などが、おおむねこの取りまとめに沿った形で書類の見直しをしつつあり[2]、残す場合に選択肢を工夫する事例も各地で見られる。また、回答者が不利益を被らないよう、また回答の質を高めるためにも「出生時の戸籍や住民票での性別」「職場（学校）での性別」など、調査の目的に応じて説明を明確化することも重要である。こうした知見を専門家などの協力も得ながら広く共有し、改善を進めていくべきである。

ジェンダーは、男女の2項区分だけでなく、SOGIも密接に関連しており、両者は対立するものではけっしてない。広く人々の暮らしやすさや福祉の向上のためにも、SOGIの視点も含めた包括的な観点から、ジェンダー統計の刷新・充実を図るべきである。そのため、諸外国にみられるように、行政と研究者・関係実務家による調査研究と実務的改善、そのための情報共有に継続的に取り組む組織体制を、政府レベルで設ける必要がある。ジェンダー統計は格差や差別の存在を明らかにして、その解消を求めるためのツールであり、それが逆に差別を生むようなことがあってはならない。性別欄やジェンダー統計を扱う部署では、男女差別解消にもSOGIに関する差別解消にも寄与するよう、官民問わず研鑽と改善が求められている。

注

(1) 取りまとめや各委員の報告資料、議事録等は、下記サイトで公開されているので、参照されたい。
「ジェンダー統計の観点からの性別欄検討ワーキング・グループ」(内閣府男女共同参画局)
https://www.gender.go.jp/kaigi/senmon/wg-seibetsuran/

(2) 法令や自治体の例規によって性別欄を含む書式が定められている場合には、その改正を伴う場合もある。

第4部

宗教とSOGI

キリスト教の立場からみる〈宗教批判〉

堀江有里 日本基督教団牧師（京都教区巡回教師）、社会学研究者

◉宗教のもつ罪悪の歴史

宗教について考えるにあたり、前提として語っておくべきことがある。宗教は、人間の幸福や関係性を大切にすることを説くが、他方で、いかなる宗教も人のいのちを蔑ろ（ないがし）にし、差別や排除をくりかえしてきた現実があることは忘れてはならない。

キリスト教はホモフォビアやトランスフォビアを牽引してきた宗教の一つでもある。また、世界宗教としての歴史をふりかえれば、最も多く人々のいのちを奪ってきた宗教の一つでもある。私が所属している日本基督教団は日本のプロテスタント教会では最大教派であるが、それは国策によってプロテスタント教会がまとめ上げられ、1941年に「合同」した経緯があるからだ。太平洋戦争時には大政翼賛体制を支え、植民地主義にも積極的に参加してきた。この歴史を忘れてはならない。

◉キリスト教と「家族主義」の問題

SOGIにかかわる課題としては、キリスト教の中で活動する米国における「宗教右派（religious right）」の問題がある。彼らは「〈家族の価値〉尊重派」という自称をもちいて、〈父－母－子〉を“正しい家族”とし、同性同士の婚姻や同性カップルの子育てに反対するという主張をしてきた。

「宗教右派」とは、1960年代後半にアフリカン・アメリカンの公民権運動、反戦運動や学生運動、女性解放運動やゲイ・リベレーションが隆盛してきた際、社会の変化に危機感をもった白人保守層による政治集団の形成が端緒となった動きである。彼らは、1980年代にレーガン政権

にて政治や経済、司法の活動を進めてきた。後のクリントン政権では沈静化していたものの、1990年代にブッシュJr.政権の支持母体として拡大してきた勢力である。大きく分けると「福音派（evangelicals）」と「原理主義（fundamentalists）」から構成されるが、とくに後者は聖書に記されている事柄を歴史や文脈を捨象して部分的に読み込む傾向にある（逐語霊感説）［栗林2005：52－54］。

しかし、「宗教右派」は特殊な例ではない。1990年代は女性や性的マイノリティに対するバックラッシュが大きく広がっていく時代でもあった。1996年には、ビル・クリントンらが所属する全米最大のプロテスタント教派である南部バプテスト連盟が「女性は男性に従うべきである」という内容の勧告決議を行っている［栗林2018：10］。すなわち、「宗教右派」と"一般的なキリスト教"なるものは明確な境界線をもっているわけではなく、なだらかなグラデーションの中で活動をつづけてきたと考えることもできる。

「宗教右派」は、〈父－母－子〉というユニットを家族という基盤として強調してきたが、そこに横たわっているのはホモフォビアだけではなく、シングル・ペアレントの家族や、子どものいない異性カップルをも否定する思想であることにも注意しておく必要があるだろう。つまりはSOGIの問題に限らず、多様な性や家族のあり方を否定しているということである［堀江2019］。

◉イエスの「家族主義」批判

「〈家族の価値〉尊重派」が持論を展開するにあたり、根拠として主張するのは聖書である。旧約・新約の時代の古代ユダヤの世界は、現代とは大きく異なり、みずからの（民族）共同体を維持していくという使命があった。そのため、「産めよ、増やせよ」という思想が色濃く存在しているテクストは少なくはない。生殖に結びつかない性行為が禁止されるように読み取れるテクストも存在する。それを文脈の異なる現代にあてはめて他者を断罪するのは暴力でしかない。

また、実際に、民族共同体の維持のために血縁家族が重要視されてきた時代にあって、イエスという人物は何をしてきたのかに着目したい。聖書に描き出されるイエスの言葉や行いは、古代ユダヤ世界での血縁や民族を中心とした共同体のあり方に対する問いであった。キリスト教成立以降に作成されている「イエスの系図」も血縁としては断絶しているし、イエスが血縁家族の重要性に対して疑問を投げかける物語も残されている（マルコによる福音書3：31－35など）。

血縁家族を問うイエスによる言動は〈抵抗〉と言い換えてもよいであろう。当時の規範にそぐわない言動によって、イエスはローマ帝国支配のユダヤで、ローマの極刑であった十字架刑に処せられ、殺されたのである。

イエスの死後、その言葉や行いを継承していこうとする人々が、教会を、キリスト教という宗教をかたちづくってきた。その出発点も血縁関係で形成されたわけではない。神学者の栗林輝夫は「無縁共同体の教会運動」として教会が出発したのだと表現する［栗林1991：273］。しかしながら、キリスト教が国教化され、世界宗教となる中で、生き方の模範としたイエスや、その言動を継承していこうとした初代教会のあり方からも乖離していくこととなった。その果てが「宗教右派」の家族観である。

◉新たな「植民地主義」としての宗教右派の台頭

「宗教右派」の性的マイノリティへの攻撃は昨今の日本でも顕在化してきている。一つは2022年6月に神道政治連盟国会議員懇談会で配布された冊子の問題である。弘前学院大学教員だった楊尚眞（やんさんじん）の講演録が掲載されている。性的マイノリティへの攻撃的で差別的な内容だが、楊尚眞は在日大韓基督教会の牧師として、京都にいた時代から同様の発言を行ってきた(1)。

この冊子では性的指向を同性愛から異性愛へと矯正する「転向療法（コンバージョン・セラピー）」やそれに類似したものが肯定されている。米国では「転向療法」自体は多くの州では違法とされているので、彼らはこの言葉を使うことが減ってきているが、内容としてはマインド・コントロールの手法が使われているので「転向療法」と名指してもよいであろう。

また、翌月(2022年7月)には「性の聖書的理解ネットワーク(Network for Biblical Understanding of Sexuality／NBUS)」という団体が、英語で出されていた「ナッシュビル宣言[(2)]」の邦訳と署名活動を開始した。これも名称としては使っていないものの、「転向療法」を肯定する内容であった。このような動きに対し、すぐに「NBUSを憂慮するキリスト者連絡会」が有志によって立ち上げられ、ネット署名などの取り組みが進められることとなった。

2000年代に入って以降、米国の「宗教右派」が人的・経済的資源をもってアジア・アフリカへ進出するケースは少なくない。2015年に米国連邦最高裁が同性カップルの婚姻を認めていない州を違憲と判断した前後より、「〈家族の価値〉尊重」派の居場所は縮小した。その結果、他国へと進出していく流れが生み出されてきた。まさに植民地主義の手法であるといえる［堀江2023］。

◉日本社会においてキリスト教ネットワークがやるべきこと

日本のキリスト教人口は1%程度である(文化庁「宗教統計調査」)。そのうち半分以上がカトリックである。この統計はそれぞれの宗教教団が提出する書類によって作成されるので、ここに数として表示される個々人が宗教活動に熱心かそうでないかは分からない(神道や仏教の信者数が統計として多いのは、地域社会における氏子・檀家制度によると推測される)。

少数者であるキリスト教は、他方では、性的マイノリティの集合行動が広がっていることには注目したい。先に述べたような神道政治連盟やNBUSの例でも、問題が起こるとすぐに抵抗運動が立ち上がっていくのも特徴的である。この点について評価してもよいのではないだろうか。というのも、他宗教では創価学会の「プライド・グループ」など性的マイノリティにかかわる活動があるが、伝統宗教では、今のところ、なかなかネットワークやコミュニティが育ちにくいのも現実ではあるからだ。

排除する側のみならず、性の多様性を認めていこうとする動きもキリスト教の中には存在している。しかし他方で、多くの宗教教団が問われてきた女性たちの提起と向き合ってきたのかどうか。とくに異性愛主義や家族主義への問いは、性差別問題でも長年問われてきた。だからこそ、さまざまな人権課題についてインターセクショナルな（交差的な）取り組みの可能性を考えていく必要もある。日本基督教団で1998年に起こった「同性愛者差別事件」では性的マイノリティではない女性たちが立ち上がり、課題を担っていったという歴史もある［堀江 2006］。

性的マイノリティを排除してきた論理は忘却されるべきではなく、負の歴史として批判的に歴史に刻んでいく必要もある。そのために、排除してきた規範自体を問う必要がある。それは「寛容」な態度を広げていくだけでは克服できない問題でもある。「人権」や「正義」という社会構造の課題として考えるべきことが「思いやり」や「配慮」という個人化された事柄に縮小されてしまう問題は、ここのところ、人権に関わる活動や研究の中でも指摘されてきた［神谷2022；清水ほか2022］。マジョリティ規範に沿う限りにおいてマイノリティを〈包摂〉しようという方向だけではなく、もっとラディカルに（根源的に）規範を問う必要があるのではないだろうか。

◉日本社会の現状と課題

最後に、主催者から分科会「宗教とSOGI」のシンポジストになげかけられた問いに応答しておきたい。

①旧統一協会による性的マイノリティの攻撃についての見解

1980年代から統一協会(3)と政治のつながりについて取り沙汰されてきたが、大きく報道されるようになったのは2022年7月の安倍晋三元首相殺害がきっかけとなったのは周知の事実であろう。問題が広く知られることになったメリットもある。そのことを前提として、ここでは危惧すべき2つの点について述べておく。

一つは、安倍元首相であるがゆえに注目されることの問題性である。これは多くの反対がありつつも2022年11月に強行実施された「国葬」

をめぐる問題である。「国葬」は称賛されるいのちと棄て置かれるいのちがあることを人々に突きつけた。多くの場合、性的マイノリティの存在は後者にカウントされる。宗教者として、すべてのいのちは平等の価値をもっているはずであることは強調しておきたい。

もう一つは、統一協会に注目が集まるなか、他の「宗教右派」の問題が不可視化されるという現象が起こっている点である。神道政治連盟や日本会議も、異性愛主義を中心とした家族規範を強化してきた。彼らが目指しているのは、国家神道の復権であり、天皇制の強化である。この点は自民党憲法草案（2012年）にも表れている。天皇制も宗教の一つである。タブー視されることの多い課題ではあるが、天皇制と日本社会との批判的検証も必要であることを付け加えておく。

②宗教としてありうべき姿や期待すること

宗教者として、人的・空間的リソースがあることについては活用の可能性を積極的に考えていきたい。

ほかにも、異なる宗教のあいだでの対話はさまざまなかたちで進んでいるが、相互批判が可能な信頼関係がまだまだできていない現状ではある。とくに伝統宗教は性差別（女性差別）のあゆみを重ねてきているので、性の多様性の称揚のみならず、ジェンダーのテーマに関して女性たちが声を上げてきた問題とどのように向き合っていくのかを考えていく必要がある。先ほど述べた天皇制も含め、性的マイノリティを排除してきた規範を問う作業をしていく場が増えていくことを期待したい。

マジョリティ規範の中でマイノリティを包摂していくというリベラルなニーズもあるが、同時にキリスト者の立場としては、イエスが当時のユダヤ世界で規範を根源的に問いつづけ、権力者によって殺されたというラディカルさ——根源への問い——をもみつめていきたい。

注

（1）楊尚眞氏は2023年1月6日に逝去。対話が不可能となってしまったことが残念である。

（2）ジェンダーやSOGIについて2017年8月に米国の保守派指導者たちを中心として発表された宣言。テネシー州ナッシュビルにおいて採択された。

（3）旧名称が「世界基督教統一神霊協会」であったため、キリスト教会では「統一協会」と記す習慣がある。

参考文献

神谷悠一『差別は思いやりでは解決しない――ジェンダーやLGBTQから考える』集英社新書、2022年。

栗林輝夫『荊冠の神学――被差別部落解放とキリスト教』新教出版社、1991年。

栗林輝夫『キリスト教帝国アメリカ――ブッシュの神学とネオコン、宗教右派』キリスト新聞社、2005年。

栗林輝夫著、大宮有博、西原廉太編『アメリカ現代神学の航海図――栗林輝夫セレクション2』新教出版社、2018年。

清水晶子、ハン・トンヒョン、飯野由里子編『ポリティカル・コレクトネスからどこへ』有斐閣、2022年。

堀江有里『「レズビアン」という生き方 ――キリスト教の異性愛主義を問う』新教出版社、2006年。

堀江有里『レズビアン・アイデンティティーズ』洛北出版、2015年。

堀江有里「キリスト教における『家族主義』 ――クィア神学からの批判的考察」『宗教研究』第395号、日本宗教学会、2019年。

堀江有里「天皇制とジェンダー／セクシュアリティ――国家のイデオロギー装置とクィアな読解」菊地夏野・堀江有里・飯野由里子編著『クィア・スタディーズをひらく2――結婚、家族、労働』晃洋書房、2022年。

堀江有里「日本の〈宗教右派〉の協働 ――バックラッシュを読む」『人権教育研究』第31号、2023年（近刊）。

リン・トンスタッド『クィア神学 ――護教論を超えて（仮）』新教出版社、2023年（予定）。

仏教界と
ジェンダー平等、LGBTQ

戸松義晴 公財 全日本仏教会理事、公財 世界宗教者平和会議WCRP日本委員会理事長

全日本仏教会は、すべての伝統的な宗派と各地域の仏教会が加盟する団体である。参加する寺は約7万5000カ寺、日本の寺の95%ほどになる。

2018年に世界仏教徒連盟（The World Fellowship of Buddhists）の世界大会を成田・横浜で行い、SDGs（持続可能な開発目標）の達成を目指すことを決定した。その中でもジェンダー平等とLGBTQの問題に取り組んでいる。日本の仏教界で一番遅れている分野はジェンダー問題だからである。

◉宗教的におおらかな日本

日本という国は宗教的におおらかだと考えられている。外国人に説明するときに使う図表だが、文化庁の調査で日本における宗教の信者数は1億8000万人超となっている（次ページ図表）。1億2000万人の人口なのにである。つまり、複数の宗教に参加している人がいる。これを見て、外国の敬虔なキリスト教徒やイスラム教徒は、「だから日本には信仰がないのですね。信仰があればこんな結果は出ない」と言うだろう。日本人は、宗教をおおらかにとらえていると言ってよい。

◉伝統仏教の女性教師は非常に少ない

文化庁が刊行する『宗教年鑑』（2021年版）によると、仏教では僧侶、キリスト教では牧師や神父、いわゆる宗教的な資格と権威をもって教え導く人のことを「教師」と呼ぶが、日本には64万8000人の教師がいて約半数が女性である。思っているより多く感じる。たとえば仏教系全体を見ると35万人の教師のうち19万人（54%）が女性である。ただ、これ

図表　わが国の信者数

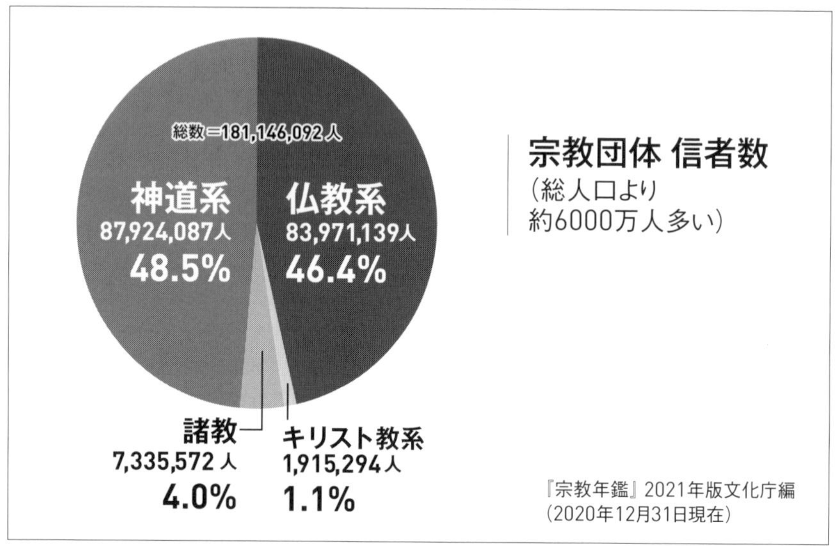

はほとんど新宗教での数字である。伝統教団はどうなっているかというと、キリスト教は13％と少ない。伝統的でジェンダー問題に理解が薄いと思われている神道でも37％いる。仏教の主要10宗派は、教師の女性の割合は11％から12％の間で少しずつ伸びているがまだ少ない。

つまり、新宗教を含む仏教系全体では教師の半分が女性であるのに、伝統仏教の女性僧侶は非常に少ないということである。人口動態をみると、2050年には教師の4割は女性になる予測で、もっと増えるかもしれない。これからは、お葬式で女性の僧侶が経を読むのは普通になると思われる。

全日本仏教会には、委員会、審議会があるが、女性の委員は少ないことが問題である。私が第33期に事務総長、34期に理事長を務めた際には、理事長推薦で定員の9割近い人数の女性を推薦した。そうしないと組織が変わらないからである。

◉仏教でジェンダーの問題をどうみるか

仏教でジェンダーの問題をどうみるか。大乗仏教（東アジア中心に伝わった、僧俗の差別なく皆が救われていく仏教）で教義として一番大事なのは智慧（ちえ）と慈悲である。仏の慈悲は、智慧を本質とする。智慧とは知るということである。医師が専門的知識に基づいて薬の効能や病気の症状を把握して治療に取り組むように、仏もまた智慧に基づき人々の苦しみとその解決策を知り、慈悲の手をさしのべる。私たちは仏にはなれないが、見習うことはできる。

性について正しい知識を得ることは、そのことで苦しみを感じている人の助けになるために不可欠である。正確な知見を基にすれば、寺院に参拝に来る人々の中にもLGBTQの当事者がいるかもしれないという想像力が広がっていくだろう。

学ぶこと、知ることは、優しさ、智慧の本質である。優しさは実践によって体現され、そこから仏教の価値も伝わっていく。法話だけではダメで、形にしないと伝わらない。私たちは行動をもって仏教の持つ価値観を体現することが求められている。

◉ジェンダー問題でシンポジウムを開催

全日本仏教会では、2020年8月、シンポジウム「仏教とSDGs」シリーズ第1回「現代社会における仏教の平等性とは――女性の視点から考える」を開催した。私がコーディネーターを務め、田中優子さん（法政大学総長＝当時）、元厚生労働省の事務次官で冤罪裁判をたたかった村木厚子さん（津田塾大学客員教授）、大学の先生を辞め、頭をそり、尼僧になり仏教と環境のことを研究している岡田真水さん（日蓮宗僧侶、兵庫県立大学名誉教授）を招いた。このとき女性の視点から、「仏教の教えは平等を説いているけれど、現状はまったく平等ではない」という指摘をいただいた。

シリーズ第2回は同年11月、「現代社会における仏教の平等性とは――LGBTQの視点から考える」である。メイクアップアーティストとしても活躍する浄土宗僧侶の西村宏堂さん、トランスジェンダーの杉山文野さん、日本初の仏式同性結婚式を実現した京都府春光院の川上全龍さんをお招きした。

レインボーステッカー

私たちは、シンポジウムをやったことだけで満足するのではなく、形にしようということで、レインボーステッカーを作成した。全日本仏教会で頒布し、できるだけ多くの寺院や同意してくださる方に貼っていただき、安心して何でも話せる場所の目印として広げていこうと考えている。デザインは西村宏堂さんとセルヒオ・ガルシアさん（バルセロナ在住のクリエイティブデザイナー）である。

仏教の象徴として合掌を中央に配している。合掌する手を黒くしたのは、肌の色にとらわれない影という意味で、人種的な多様性を表現した。仏陀自身は、あらゆる生きとし生けるものがみな幸せである必要があると説いているが、これはSDGsの「誰一人取り残さない」という目標と親和性があると考える。この精神をLGBTQ、ジェンダーの問題にも取り入れて活動している。

◉戒名にはジェンダーがある

全日本仏教会に加盟する伝統教団の主な宗派は、ジェンダーの問題については、女性差別よりもLGBTQの問題の方が取り組みやすいのではないだろうか。仏教の経典には、女性が極楽浄土へ往生し救われていくには男性に生まれ変わり（転女成男）往生できる（『無量寿経』第35願、女人往生）と説かれている。これは約2000年前のインドの社会的価値観の影響を受けている。仏教には、本来、無差別の仏の世界にまで当時の社会的価値観が入り込んでしまう傾向があった。女性差別の問題は、伝統教団内では女性の登用が進まず、批判も受けているが、変わらない現状がある。LGBTQの問題では経典など教義に具体的な記述はないと思う。

しかし、戒名にはジェンダーがある。最後に、「信士」「信女」など性別がつく。仏の国に行けばジェンダーを超越している。ただ、歴史的伝統はあり、仏教界もそれに準じているのだ。「私は男性に生まれたが女性として生まれたかった。本当の私は女性だから死んでから女性の戒名をもらえませんか」と依頼してきた方がおられる。教義的にどうかといえばまったく問題ない。それを私たちは出版物により公知している。それを知っている僧侶はまったく問題なく戒名をつけられると思う。こういうことに、仏教界は積極的に取り組んでいく。

◉旧統一教会問題への見解

日本宗教連盟のウェブサイトに、理事長談話を出した。加盟の協力5団体（教派神道連合会、全日本仏教会、日本キリスト教連合会、神社本庁、新日本宗教団体連合会）に所属する宗教法人の大半は規模の小さい社寺、教会・教会所である。https://jaoro.or.jp/

以下、声明からの抜粋である。

> 世界平和統一家庭連合（旧称・世界基督教統一神霊協会）は、1990年代から2000年代にかけて霊感商法等により民事訴訟で組織的責任が認定されるなど、反社会的一面を持っていることが司法で判断されています。多額の献金や、霊感商法等による被害者相談は、現在も全国霊感商法対策弁護士連絡会に数多く寄せられていると聞き及んでいます。
>
> 宗教法人は、宗教の教義等を広め、儀式行事を行い、信者等を教化育成することを主たる目的としています。その目的のもと日々の実践を通じて人々の心や精神を安定させ、あるいは文化の向上を図り、社会を豊かにすることが本来の活動であり公益に資するものと存じます。また、公益法人の一つとして社会に認知される一方、法人運営では適正な管理運営、説明責任、情報開示を行い、法令を遵守することが求められております。
>
> 当連盟と加盟法人は、健全な法人運営を促進しており、今回の問題をとおして、より一層、適正な宗教法人運営と、宗教の本質的な役割を確認し、仮にも不適正な事案を発生させることがないよう常に自戒し、襟を正して参ります。
>
> 2022年9月1日

◉同性婚をどう考えるか

私は1989年から91年までアメリカ・ハーバード大学大学院の神学校で学んだ。その学校では「ハーバード・ゲイ＆レズビアンクラブ」の勧誘の告知がボードの中心に貼ってあった。授業中も、有名な神学者、マーガレット・マイルス教授が話している最中に、女性が手をあげて、「わたしはレズビアンで、ゲイ＆レズビアンの観点からするとあなたの解釈はすでに古いし、間違っている」と発言した。先生も怒ることなく、「では、あなたが前に出て話してください」という自由な雰囲気であった。具体的な社会問題の解決にキリスト教が具体的にどのように寄与すべきかなど実践的なテーマから宗教の社会的役割を学んだ。

アイルランド共和国の78％はカトリック教徒であり、北アイルランドの帰属の問題でプロテスタント系教徒と紛争までして宗教を守ってきた。同国で同性婚を認めるかどうかの国民投票があり、バチカンは相当力を入れて反対キャンペーンをやったが、9割近くの国民が賛成した。バチカンの権威が地に落ちたなどと言われたが、私は、これからの民主主義の社会では、私たちの願いを拡大し、思いを形にしていくことはどんどん進んでいくと思う。

アメリカ連邦裁判所は、同性婚を禁じていることが連邦法に反していると判決を出したが、2022年12月、立法で明確に合法化する結婚尊重法を可決した。

仏教的には、同性婚については、人が人を好きになるのに、異性か同姓かは関係ない。安楽死の問題でも、イタリア、スペイン、ポルトガルで安楽死法ができた。仏教、キリスト教は、教義と実際の生活がかけ離れている。宗教がいくら反対を唱えても、同性婚や安楽死など変わっていくものはどんどん変わっていくと私は考える。

◉仏教界で反対する人は？

仏教界でLGBTQの権利について公然と反対する人は少ないが、個人的に私に電話をしてくる人はいる。その中で多いのは年配の方で、「全日本仏教会は同性婚に反対すると声明を出してくれ」というご意見があった。檀家制度に影響がある、個人的に理解できないと思っている方々だ。私は「できません。大乗仏教は差別なく全ての人間の救済を誓っているのだから。個人での意見表明はどうぞしてください」と申し上げた。

全日本仏教会は公益財団法人で、政治的中立性が求められているので、政治的な案件について具体的な賛成・反対は表明しにくい。したがって同性婚の法制度についても、私たちは賛成するとは言いにくい。言えるのは、事実として仏教の経典や教えに従って仏教ではどう考えるかということである。死刑の問題でも「仏教の教えと死刑制度は相容れない」と答申を出したし、LGBTQとジェンダーの問題でも公開シンポジウムを開催して、仏教界の考え方と姿勢を打ち出した。

大事なことは、仏教界で今まで自分たちができなかったこと、問題があることを公表して、意見をいただいて、改善していくことである。全ての存在するものは例外なく変化を続けていく。これが仏教の基本的な教えだと思っている。檀家制度がなくなってしまうという方がいるが、人口が減少している中ですでに檀家制度は崩壊しつつある。こうした問題に取り組むことがその現象にたいした影響を与えるとは思えない。逆に仏教の、寺院の可能性が広がっていくし、僧侶の社会的責任と感じている。

旧統一教会と性的マイノリティに関わる政策

斉藤正美 富山大学教養教育院非常勤講師

本稿では、2000年代以降の「世界平和統一家庭連合」(2015年に「世界基督教統一神霊協会」から名称変更。本稿では2015年以前を「統一教会」、以降を「旧統一教会」とする）による性的マイノリティ政策への活動について、時代ごとの事例に基づいて検討するとともに、旧統一教会による反対運動がLGBT関連の法律や制度に対して、どのような影響を及ぼしているかについて考えてみたい。

「旧統一教会」は、文鮮明（ムンソンミョン）を教祖とする韓国出自のキリスト教系の宗教団体であり、文が亡くなった現在、妻の韓鶴子（ハンハクチャ）を総裁とする。韓国、米国など海外に拠点があり、また関連メディアの「世界日報」はワシントンなど海外に支局がある。そのため、LGBTに関しても、海外の運動のトレンドなどをいち早く入手し、「世界日報」やリーフレットなどを通じて発信する。

一方日本会議などの宗教右派全体を見ると、1990年代後半から現在まで、夫婦別姓、男女共同参画や性教育、ならびにLGBTQの権利といったジェンダーやセクシュアリティに関する政策に対して批判や攻撃をしてきた。「旧統一教会」は、その中で性的マイノリティについての取り組みでは、知識という点でも行動という点でもリーダー格といえよう。

なお、「旧統一教会」の政策への影響というと、「旧統一教会」が直に政策に影響を及ぼしていると思われるかもしれないが、そうではない。「旧統一教会」と自民党保守派が思想・信条で共鳴し、関連するさまざまなネットワークを駆使して政策でも連携しているということを指している。「旧統一教会」を含めた宗教右派と保守政治家の連携は、すでに2000年代からあり、男女共同参画や性教育へのバックラッシュ（保守反動、揺り戻し）を引き起こしてきたことが明らかになっている（山口智美・斉藤正美・荻上チキ著『社会運動の戸惑い――フェミニズムの「失われた時代」と草の根保守運動』勁草書房、2012年）。

2022年7月の安倍晋三元首相の銃撃事件以後、「旧統一教会」と政治家との関係が問題にされるようになり、報道各社が「旧統一教会」と政治家の密着ぶりを明らかにした。その例として、「旧統一教会」が数十人の自民党議員と「推薦確認書」、いわゆる政策協定を交わしていたことがあげられる（「旧統一教会側、自民議員に『政策協定』　数十人規模か　応じた議員も」朝日新聞2022年10月20日付）。政策協定の中に、「『LGBT』問題、同性婚合法化の慎重な扱い」という項目が入っていたことも報道されている。さらに世耕弘成議員や斎藤洋明議員など少なからぬ現職の自民党議員が取材に答え、政策協定を結んでいたことを認めている（「『猫の手も借りたい議員はサインする』推薦確認書で自民・世耕氏」朝日新聞2022年10月26日付、「『統一教会側の政策に賛同求める文書に署名』新潟3区斎藤洋明衆議院議員『政策協定だと理解していた』」TBS NEW DIG、2022年10月20日）。

◉「旧統一教会」の思想と性的マイノリティ政策

まず「旧統一教会」がなぜ性的マイノリティ政策に反対するのかを検討するために、「旧統一教会」の考え方、とりわけ「結婚」や「家庭」についてみておきたい。「家庭」というのは同教団の名称にも入っているほど重要な概念とされる。教団のサイトでは「神様の理想を具現化する場として結婚と家庭を最も重要視している」と述べる。さらに、この教団の「家庭」についての考えでしばしば言われるのは「家庭とは（男と女による）一夫一婦制に基づき、結婚し、子どもを産み育てる場」という点だ。教団の元幹部が語っていたのは、「神が創造した家族の形は、男と女であり、（同性同士が築く）子孫が残らない家族の形というのは神の意思にも反している」ということだ。

このように教団の「結婚」や「家庭」についての考えは、同性愛や同性婚を否定するとともに、「男と女」という性の二元制に依拠しており、SOGI（性的指向・性自認）の多様なあり方を認めない考えである。つまり、性的マイノリティの権利を認めようとする法律や制度に対して教団やその関係団体が反対する蓋然性（がいぜんせい）が高い考えと言えよう。

安倍元首相の銃撃事件によって「旧統一教会」やその政治団体「国際勝共連合」や「世界平和連合」などと保守系政治家との密着ぶりについてスポットライトが当たるようになったとはいうものの、「旧統一教会」と保守政治家が性的マイノリティの権利擁護に反対しているなど、ジェンダーやセクシュアリティ政策に及ぼす彼らの影響については、あまり報道されておらず、広く知られているとは言い難い。

そこで以下では、2000年代以降、性的マイノリティに関する政策に対して「旧統一教会」がどう対応してきたのか、時代ごとに事例を示しつつみていきたい。

◉2000年代の同性愛・両性愛の権利擁護への反対運動

統一教会は、2003年宮崎県都城市男女共同参画社会づくり条例案に「性別又は性的指向にかかわらずすべての人の人権が尊重される」と同性愛・両性愛など性的少数者の権利を擁護することが明文化されたことに強く反発した。都城市の条例は、保守系の岩橋辰也市長のもと、地元の市民と行政職員や議員らとが緊密なネットワークによりイベント等をする中で、性的マイノリティの悩みを聞くことがあり、相談窓口を作り、性的マイノリティを「見える化」しようとして提案されたものだ。

それに対して「世界日報」記者は、何度も現地取材を行い、条例に関する展開を報告し、全国から同性愛者が集まり都城市が「同性愛解放区」や「“ゲイ・ランド”」になりかねないと目立つキャンペーンを張るなど、人口13万（当時）の地方都市の条例に対しては異例とも思える、重点的な取り組みを行った。「世界日報」記者や地元の統一教会関係者らは、日本会議系の新生仏教教団機関紙「日本時事評論」のジャーナリストらの協力も得ながら、都城市の保守系議員に対して勉強会を行い、情報提供をするなどと反対運動を主導した。彼らの危機感は「同性・両性愛者らの均等な利益享受を義務づけた」条例案を成立させてはならないというものだった。しかし2003年12月、「性別又は性的指向にかかわらず」という文言が入った条例は1票の僅差で可決され、制定された。

ところが2004年都城市の市長選で、岩橋辰也市長が落選し、条例反対派が応援した長峯誠前宮崎県県議が当選し市長に就任した。長峯市長は2006年の町村合併に伴い、「性別又は性的指向にかかわらず」という文言を削除し「すべての人を尊重する」という文言のみ残した条例に変更し、再制定した（斉藤正美・山口智美「『性的指向』をめぐって――宮崎県都城市の条例づくりと『世界日報』」山口智美・斉藤正美・荻上チキ、同上書147–200ページも参照）。

◉2010年代におけるパートナーシップ制度への反対運動

東京都渋谷区は、2015年3月「渋谷区男女平等及び多様性を尊重する社会を推進する条例」に、任意後見契約や合意契約などの公正証書を区に提出した同性カップルに対し、区がその関係性を証明する証明書を発行することも盛り込んだ。この条例に対して、統一教会や「頑張れ日本」が反対運動を行った。渋谷区の条例に対してなぜ反対運動を行ったのか、家庭連合鴨野守広報局長らに話を聞いた（2016年6月15日、組織名と役職名はいずれも当時）。鴨野らは、渋谷区は教団の本部（渋谷区松濤）がある「地元だから」反対したと真っ先に言った。信者らがチラシを作り、配布するなど鴨野らは大々的に反対運動を展開した。反対の理由は、「同性愛・両性愛行為は聖書に背く」ということ、家族制度を守るためには同性愛は認められないなどであった。「世界日報」は社説で、パートナーシップ制度に反対を表明し、夫婦に保護が与えられているのは「将来の社会を担う次世代を生み育てるから」であり、「一夫一婦の結婚制度を混乱させるな」と述べていた（「［社説］同性カップル証明／結婚制度を混乱させるな」2015年2月21日）。この当時トランスジェンダーについては、性同一性障害という病気であり「医学上の問題」だから容認していると、広報文書で述べていた（斉藤正美「結婚・家族をめぐる保守の動き」塚田穂高編著『徹底検証 日本の右傾化』筑摩書房、2017年、207–211ページも参照)。

「旧統一教会」は同年10月、『揺らぐ「結婚」——同性婚の衝撃と日本の未来』という冊子で、パートナーシップ制度の導入に「個人の権利ばかりを尊重し、結婚の価値を軽視してきた長年のツケ」「日本の結婚制度は今まさに岐路に立っている」(3-4ページ)などと大いなる危機感を示し、熱心に反対運動に取り組んだ。

一方、自民党は2016年「性的指向・性自認に関する特命委員会」を発足させたが、「我が党の基本的な考え方」の表明に際し、目指す社会について法制化などによる「差別の禁止とは一線を画」し、「社会の理解増進」をめざすとし、パートナーシップ制度についても「慎重な検討が必要」と非常に後ろ向きの姿勢を示した(「性的指向・性同一性〈性自認〉の多様性って?～自民党の考え方～」自民党政務調査会、2016年)。自民党本部も、「旧統一教会」の主張とあまり齟齬(そご)のない見解を示したわけだが、これには、古屋圭司委員長が、「旧統一教会」ともしばしば連携する八木秀次麗澤大学教授に事前に素案を見せ、八木教授が「性的指向や性自認にかかわらず」という文言を「同性愛と異性愛を同等に扱えという主張につながる危険性がある」と削除させたことも関係しているという(二階堂友紀「これは闘争、ではない——LGBT理解増進法案見送り」『世界』2021年8月号、11ページ)。

◉2020年代におけるLGBT理解増進法案等への反対とトランスジェンダー攻撃

2021年5月、性的マイノリティの課題に関する理解を深めようというLGBT理解増進法案が国会の超党派で合意された。しかし法案に「差別は許されない」という文言が入っていたことをめぐって、簗和生(やなかずお)衆院議員の、LGBTは「種の保存に背く」という発言や、山谷えり子参院議員がトランスジェンダーの競技参加を「ばかげたことはいろいろ起きている」と発言したことが批判的に報道されたことから、安倍元首相をトップに自民党保守派は、自分たちが逆に「差別」する側に回ってしまうという危機感から法案に強く反対し、提出が見送りになった。先述の八木秀次教授が「性的指向及び性自認を理由とする差別は許されない」とする文言を問題にしたことや、シスジェンダー女性から山谷氏ら自民党に「性自認」に関して働きかけがあったことも影響を与えたという（二階堂友紀、同上稿、12–15ページ）。

「旧統一教会」はLGBT課題の法制化について「（日本は）性的少数者に対する偏見は少ない」「欧米社会のように訴訟の乱発、社会の分断を招く恐れがある」などと反対した（世界日報LGBT問題取材チーム著『「LGBT」隠された真実――「人権」を装う性革命』世界日報社、2022年、161ページ）。性的指向や性自認の多様性を認める「埼玉県性の多様性を尊重した社会づくり条例」や、各地のパートナーシップ制度には、「同性婚合法化につながる恐れがある」などと一貫して反対している。その一方で、世界的に反ジェンダー運動が展開される中、2010年代後半にアメリカおよび欧州で婚姻平等が法的に認められるようになったこともあって、反ジェンダー運動の主要なターゲットが数の上でも少数で攻撃しやすいトランスジェンダーになっていったのだという（清水晶子・三木那由他・高井ゆと里「座談会　トランスジェンダー問題とは何か」『世界』2022年12月号、235ページ、清水晶子「解説　スーパー・グルーによる一点共闘――反ジェンダー運動とトランス排除」ショーン・フェイ著、高井ゆと里訳、清水晶子解説『トランスジェンダー問題――議論は正義のために』明石書店、2022年、所収、381-389ページ）。

以下では、富山県でのパートナーシップ制度反対運動に、トランスジェンダー攻撃が盛り込まれていることをみていきたい。富山では、2021年12月、「旧統一教会」と連携したパートナーシップ制度の勉強会が開催されたことがテレビのニュースで取り上げられ、勉強会に参加した富山市議が「例えばサウナとか入浴施設にしてでもパートナーシップ制度か推進する地域、または法律でそれを認める地域だったら、いろんな問題が事件につながったり、マイナスの部分を（講師の）青津氏がはっきりと実例をもとに言われていた」と語った（「富山市議が『旧統一教会』系幹部の勉強会を議会棟で複数回開催」チューリップテレビ2022年7月25日）。この発言は、「日本でもLGBT法案が成立すれば、温泉や銭湯の女湯にトランス女性が入ってくる恐れがある」とトランスジェンダーの脅威をあおる当時の「世界日報」連載記事「【連載】アメリカLGBT事情(1)」(「世界日報」2021年11月22日)を彷彿とさせる。統一教会から派遣された講師が、パートナーシップ制度に絡めてトランスジェンダーの権利を認めると女湯が危ないなどとトランスジェンダー攻撃の主張をした可能性もありそうだ。

富山県では、家庭連合広報局長として先述した鴨野守広報局長が、2010年代後半から平和大使協議会富山県本部の事務局長を務め、県内の政治家との関係を切り結んでいた。2022年後半には、富山県内の民放テレビ局各社が競い合うようにして、新田八朗富山県知事や稗苗(ひえなえ)清吉富山県議(自民党)をはじめとする多くの首長、県議、市議が「旧統一教会」と選挙やイベント、勉強会などでつながりがあるとするスクープを打ち、密着ぶりを公にしていった。稗苗県議は、旧統一教会との関係について「憲法改正とか、男女共同参画とか、LGBTとか様々な問題に対しても県内の市町村議会に彼ら(旧統一教会関係者)が出向いて意見書を出すための導火線とか連携しています」(「問われる旧統一教会と富山政界」TBS NEWS DIG、2022年7月22日)と政治活動で連携していることをオープンに語った。新田富山県知事は「旧統一教会」から選挙応援を受けたことを言明し、「私が接した方から聞いたのは、やっぱり家族を大切にしようということはよく言われました。それは誰も反対することはないというふうに思いますので、私も賛同している」と思想・信条で一致していることを認めた(「新田知事に『なぜ旧統一教会と関係を絶つと言えないのですか』と問いかけ続ける理由」チューリップテレビ、2022年9月30日)。その一方で富山県は、2023年3月にパートナーシップ宣誓制度を導入することを決定した。

LGBT関連の法律や制度に対する「旧統一教会」の反対運動とその影響についてまとめると、2000年代は、一地方都市の条例における「同性愛・両性愛」の権利擁護に強く反対するなど、同性愛・両性愛など性的指向に対する活動を行い、都城市の条例から「性的指向」を削除させるなど一定の影響力を行使した。2010年代以降はパートナーシップ制度が導入され、浸透していったので、同性婚実現に対する危機感を顕わにし、地方のパートナーシップ制度を潰そうと保守系議員・首長を支援するなど対抗策をとった。だが2023年5月15日現在、パートナーシップ制度を導入した自治体は、321にのぼる（「Marriage For All Japan—結婚の自由をすべての人に」サイト、2023年2月1日確認）など、地方での対抗策が成功しているとは言えない。反面、国会でのLGBT差別禁止法や、同性婚の法制化については、「旧統一教会」や宗教右派は、安倍氏や山谷氏などの自民党保守派や八木秀次氏など保守系知識人を通じて全力で阻止している。2010年代には「医学上の問題だから」と容認していたトランスジェンダーについては、世界の動きに呼応し2020年代に入り激しく攻撃するように転じた。

今後の統一教会の活動について、同教団の調査などを通じて言えることは、第一に、「旧統一教会」と市議や県議など地方政治家との関係は、日ごろから密なコミュニケーションが持たれており、また議員側には諸々リスクがあるので、口では「旧統一教会と関係を断つ」と言っていてもなかなか難しいのではないかということだ。

第二に、「旧統一教会」の種々の問題がメディアで叩かれているが、同教団の性的マイノリティに対する豊富な知識や宗教的教義に基づく熱心な活動、さらには議員や学者、ジャーナリスト、運動家などとの緊密なネットワークを考えると、けっして侮（あなど）れないことも確かだ。

最後に、これは教団だけ消えたら問題が解決するといった簡単な話ではない。「旧統一教会」は、宗教右派と保守政治家がLGBT関連をはじめ性教育や夫婦別姓、リプロダクティブ・ヘルス／ライツなどのジェンダーやセクシュアリティ政策を長年にわたって後退させたその一端を担ってきたにすぎない。さまざまなジェンダーやセクシュアリティ政策が自民党政治家と宗教右派の連携により後退させられてきたその全容こそ、しっかりと解明することが肝要である。

「埼玉県性の多様性を尊重した社会づくり条例」への取り組み

鈴木翔子 レインボーさいたまの会共同代表

◉当事者が「いること」を前提の制度に

レインボーさいたまの会は、埼玉県内において、性的マイノリティの権利擁護や政策提言を行う、性的マイノリティ当事者と支援者でつくる市民団体である。当会では、主に県内各自治体の議会に対する請願活動や、パートナーシップ・ファミリーシップ制度をはじめとする、性的マイノリティ当事者やその家族のためのさまざまな制度・政策についての要望を行ってきた。すでに、県内55の自治体に要望書を提出しており、2022年11月までに38の自治体がパートナーシップまたはファミリーシップ制度を導入している。さらに、2023年の早い段階に、10以上の自治体が制度を導入することを前提に準備を進めている。

私たちがこのような活動を始めた背景には、長年性的マイノリティ当事者がないがしろにされてきた制度・政策の現場や社会に対して、当事者の存在を伝えることが重要だと感じていたということがある。さらには、性的マイノリティ非当事者だけではなく、当事者でさえも知識を得る機会が限られていたという状況があり、非当事者・当事者の別なく広く啓蒙活動を行うことで社会がよりよい方向に変わっていくと信じていたからである。

しかし、多くの自治体の議員や職員、また市民の方々と話をしてきた過程で、私たちは時折大きな壁にぶつかる感覚を感じることもあった。その壁が何なのか分からないままに、とにかく目の前の課題を一つずつ解決していこうと、ただがむしゃらに活動を続けてきた。

◉自民党埼玉県議団との対話

活動を進めていくうちに、少しずつ制度が整備されてきたものの、各市町村で検討される施策が自治体ごとに異なっていたり、無意識であるかもしれないが、性的マイノリティ当事者に対する差別的な意識が暗示されていたりするなど、新たな課題も見えてきた。基礎自治体では解決しにくいこれらの課題に取り組むために、県に対する働きかけを行う必要性を感じ始めた頃、国レベルでは「LGBT理解増進法案」の国会提出に向けた動きが進んでいた。

残念ながら、その法案の提出直前に、一部の自民党議員が反対したために法案の提出には至らなかった。そのような状況で、私たちにも何かできることはないかと検討した結果、LGBT法連合会のサポートを受け、自民党埼玉県支部連合会に対して「国でぜひこの理解増進法を進めてほしい」という要望書を提出した。これをきっかけに、私たちは自民党埼玉県議団と直接やりとりができる機会を得ることになった。

埼玉県がほかの自治体と大きく違ったところは、今の自民党埼玉県議団を牽引している議員が、自民党本部の圧力に負けない態度を示していたことである。選択的夫婦別姓制度に対しても、自民党埼玉県議団では推進する姿勢があった。

要望書を提出した後に、自民党埼玉県議団内で、性的マイノリティを取り巻く課題に対するプロジェクトチームが立ち上がった。そして当会の県に対する要望を県議団に聞いてもらう機会があり、県議団主催の性的マイノリティ施策勉強会に何度か呼んでいただいた。プロジェクトチームは半年間をかけ、県でも国でも進められなかった性的マイノリティの権利擁護のための条例案を策定し、自民党埼玉県議団案として埼玉県議会に対して提出するに至った。この条例案は、国会での「LGBT理解増進法案」提出の際に、とくに強く反発を受けた「差別の禁止」や「アウティングの禁止」を盛り込んだ「埼玉県性の多様性を尊重した社会づくり条例」である。だが、条例提出に至る過程ではさまざまな抵抗があり、私たちはまた例の壁のようなものを目の当たりにすることとなる。

私たちの当初の考えでは、現代の日本社会では、性的マイノリティに関して多くの人々が正確な情報を得る機会がなかったために、理解が進んでいないのだと思い、自治体に対して働きかけを行ってきた。私たちが本質的に求めているのは、社会の規範から逸脱した「普通ではない人」という特別視ではなく、異性愛者が当たり前のように享受しているさまざまな権利を平等に得ることであると、議会でも、自治体の職員との会合でも、そう伝え続けてきた。性的マイノリティに関する理解が生まれれば、社会からの見方は変わるだろうと思っていた。しかし、この条例案に関わる動きを通じて、性的マイノリティに関する知識や理解とは根本的に違う課題があることが明らかになってきた。そのことが、長年私たちが違和感として感じていた壁の正体なのではないだろうか。それは、一部の宗教的信念と政治のつながりである。

◉パブリックコメントでの差別的な意見

自民党埼玉県議団が「性の多様性を尊重した社会づくり条例（案）」の策定にあたって、県内外から広くパブリックコメントを募集した。私たちは、当事者の声をしっかりと届けたいと思い、勉強会を開き、パブリックコメントの周知をしたが、新聞報道で何千という反対意見が届いたと知り大変驚いた。一部の新聞やSNSなどでは、とりわけトランスジェンダーへの差別や偏見と思われる報道やコメントであふれた。批判的な意見の多くは、条例が制定されると「トイレや銭湯などで女装した男性による性犯罪が多発する」「埼玉県の少子化が加速する」「差別す

2021年 6月17日　埼玉県議会自民党県議団「LGBTQの理解増進に関するPT」勉強会　第1回への講師派遣

2021年12月21日　埼玉県議会自民党県議団「LGBTQの理解増進に関するPT」勉強会　第2回への講師派遣

る権利が侵害される」といった内容で、条例制定により女性の安全なスペースが守られなくなる等の、性的マイノリティに対する偏見に基づいた主張であった。

また、当会ウェブサイトに設置してある問い合わせフォームにも、悪意あるメッセージが多数送られたと予想される。この問い合わせフォームは、一定数を超えた問い合わせが認識されると自動的に遮断される設定になっており、埼玉県議団のパブリックコメント募集開始から数カ月、その機能によると思われる状態で問い合わせフォームは使えなくなってしまった。私たちは、そのコメントの背景には一部の宗教の「教え」や「信念」があるのではないかということを感じていた。

◉宗教と日本の政治

長年、日本は無宗教国家であり、国内に性的マイノリティへの差別など存在しないと言われてきた。だからこそ、日本で性的マイノリティへの理解や制度・政策が進まないことに、大きな違和感がある。しかし、現状は違った。差別は色濃くある。多くの人々が無意識のうちに、どのような社会の中で生きてきたのかと、ようやく最近見えてきたように思う。

その見えてきたものとは、明治時代に始まった国家神道・家父長制度に基づく、社会は男が支配するものという強固な信念であり、女は男に従うべき、性的マイノリティは病気である、などといった根強い偏見である。この信念は、明治以来の日本の帝国主義化を推し進めた強力な価値観であり、現在も日本の企業や政治の至るところに残っている。しかし、この国家宗教に基づく価値観が、「日本人は奥ゆかしい」「日本は宗教に寛容」などといった、あいまいで中身のない自画自賛によって覆い隠されてしまっていたために、日本人は自らの奥底に残る差別感情に気づかないまま、21世紀を迎えてしまったのだ。

2022年7月7日に埼玉県議会で同条例が賛成多数で採択された。そして今回の条例採決は、これまで全会一致を前提にしてきた自民党埼玉県議団の中でも意見が割れ、自民党でも9人の議員が採決の場から退席し、怒号が飛び交う中での成立となった。この怒りの反応こそ、自らの気づかぬ差別感情を指摘されてしまった者が、自分の古い価値観を守ろうととっさにとってしまった行動ではないだろうか。差別禁止、アウティング禁止という、多くの性的マイノリティ当事者が国に求めたものの叶わなかった内容を盛り込んだ条例が、埼玉県で実現し、施行された。だからこそ、反対意見も多かったのだろうと実感している。

◉多様性が尊重される社会を目指して

これは私の個人的な意見だが、ヨーロッパで長く暮らしてきた経験から、多種多様な宗教やバックグラウンドを持つ人間がともに暮らしながら、同時に性的マイノリティの権利もしっかり保障されている環境は、実現できるはずだと信じている。だからこそ、日本でなぜそれが進まないのかが長年の疑問であった。しかし日本では、長年一部の宗教と政治が密接に関係していたのだということを、ようやく私も理解し始めたところである。私は、宗教は人を支えるものであってほしい。宗教は、信じる人と信じない人を分断し、他者を否定し傷つけるものではなく、自分自身を支え、生きていくための大事な存在であってほしいと思っている。多様性とは、それぞれ異なった価値観を持った人たちが、常にそこに存在しているただの事実である。だからこそ、互いを尊重し、助け合えるはずだと私は思う。多様性が強みとなる、さらなる社会の発展を願って、レインボーさいたまの会の活動を通して自分のできることを一つずつやっていきたい。

宗教右派と政治のつながりとどう向き合うか

「埼玉県LGBT条例への反対運動」「LGBT理解増進法案の国会提出見送り」から考える

松岡宗嗣 ライター、一般社団法人fair代表理事

安倍元首相の銃撃事件以降、旧統一教会と政治のつながりが明らかになった。一方で、これらの「関係」が政治に対して具体的にどう影響を及ぼしているのか――とくにジェンダーやセクシュアリティをめぐる政策への影響については、あまり知られていない。

ジェンダー平等や性的マイノリティの権利保障が進まない現状に対し、「欧米とは異なり、日本では宗教的な要因はないはずなのに、何故だろう」という疑問をしばしば耳にする。しかし、とりわけ「SOGI」の文脈で政治の現状をとらえると、その裏でどれだけ「宗教」が大きく関係しているかが見えてくる。

ここでは、2022年7月に成立した「埼玉県性の多様性を尊重した社会づくり条例」への反対運動や、2021年6月の「LGBT理解増進法案」の国会提出見送りという2つのケースから、宗教右派勢力と自民党保守派のつながりが、いかに性的マイノリティの権利保障を阻害しているかをみていく。

◉埼玉県「LGBT条例」への反対運動

埼玉県議会で、2022年7月7日に「埼玉県性の多様性を尊重した社会づくり条例」が可決・成立した。この条例案は、自民党埼玉県支部連合会が提案したもので、同支部連合会は事前に広くパブリックコメントを募集していた。しかし、SNSを見ると、多くのトランスジェンダー排除言説に基づく条例案への反対が呼びかけられ、宗教右派勢力をはじめ、複数の右派組織が積極的に条例案への反対を訴えていたことが分かっている。

例えば、世界平和統一家庭連合（以下、旧統一教会）の政治団体である「世界平和連合」や「国際勝共連合」、旧統一教会のメディアである「世界日報」は共通して条例に反対しており、当然だがその論調は酷似していた。さらに、日本会議のシンクタンク的存在といわれる「日本政策研究センター」でも同様の反対言説が同センターのウェブサイトに掲載されていた。

右派の産経新聞も条例案について批判的な記事を8度にわたって掲載している。例えば「教師が子供に性転換を…危険LGBT条例　八木秀次」（2022年5月11日付）など、記事のタイトルを見るだけでも、差別や偏見を助長するようなものが目立つ。8本の記事のうち5本が、条例成立の7月7日に掲載が集中していた。地方自治体の、しかも特定のマイノリティをめぐる条例に、ここまで集中して報道する状況は特異といえるだろう。

図表　埼玉県性の多様性を尊重した社会づくり条例案に関する反対報道の例

LGBT当事者と運動の距離（阿比留瑠比）	産経新聞	2022年4月14日
髙橋史朗64 同性パートナーシップ制・埼玉県条例案の問題点（髙橋史朗）	モラロジー 道徳教育財団	2022年4月25日
埼玉県で「LGBT理解増進条例」の動き	思想新聞 （国際勝共連合機関紙）	2022年5月15日
埼玉県で「LGBT理解増進条例」の動き	世界平和連合	2022年5月15日
教師が子供に性転換を…危険LGBT条例 八木秀次	産経新聞	2022年5月11日
自民党埼玉県議団の「LGBT条例案」に 「再考」を求めた八木秀次氏（森田清策）	世界日報	2022年5月23日
埼玉県・LGBT条例の「危うさ」（小坂実）	日本政策研究センター	2022年6月26日
オウム被害の滝本弁護士はなぜLGBT条例に反対か	産経新聞	2022年7月5日
埼玉LGBT条例 再考し逆差別の懸念払え	産経新聞	2022年7月7日
LGBT条例が成立 埼玉県議会	産経新聞	2022年7月7日
LGBT条例、各地へ波及なら混乱懸念も 識者「拙速」指摘	産経新聞	2022年7月7日
埼玉LGBT条例、施行は8日	産経新聞	2022年7月7日
埼玉LGBT条例、自民9人が採決退席 団長一問一答	産経新聞	2022年7月7日

さらに問題なのは、反対言説の中心にあるのが「トランスジェンダーバッシング」であった点だ。例えば「性自認による差別を禁止すると、男性器のある人が女湯に侵入し、それを拒否すると差別になってしまう」というような主張が展開されていたが、これは端的に誤りである。すでに約60の自治体で差別的取扱を禁止する条例が施行されているが、そのような事態や問題は起こっていない。こうした主張は、トランスジェンダーの実態を無視し、差別や偏見をもとに人々の“不安”をあおる排除言説にほかならない。

パブリックコメント約4000件のうち9割は反対意見だったといわれている。旧統一教会はもちろん、日本政策研究センターや産経新聞など、いわゆる右派組織が一つの塊となって反対運動を展開していたと言える。

結果的に条例が成立したことには安堵している。そもそもこの条例案は自民党の埼玉県支部連合会が提案したものであり、自民党も一枚岩ではないことが分かる。しかし、こうした地方自治体の事例からも、宗教右派などの組織的な動きによって、性的マイノリティの権利が阻害されていることが伝わってくる。

◉「LGBT理解増進法案」の国会提出見送り

国レベルの法整備でも、「反LGBT」の動きの裏にある、宗教右派勢力と政治のつながりが見て取れる。

2021年6月、超党派の国会議員連盟で合意されたはずの「LGBT理解増進法案」が、自民党内の一部議員による強硬な反対により国会提出が見送りとなった。事実上の廃案だ。

本来は性的指向や性自認に関する差別的取り扱いを禁止する、いわゆる「LGBT差別禁止法」が必要だが、今の政治状況において“現実的”な法案として「LGBT理解増進法案」が与野党でなんとか合意に至った矢先のことだった。自民党内の一部議員が法案に対して強硬に反対し、中には安倍元首相が「これは闘争だ」と執行部に法案を通さないよう圧力をかけたことも報じられている（『AERA』2021年6月21日号、朝日新聞出版）。

結局、法案の国会提出は見送りとなった。こんな骨抜きの法案でさえつくることができない今の政治状況に憤りを感じたのをよく覚えている。

このとき、自民党の一部強硬な反対派として浮上する人物の一人が、山谷えり子議員である。神社本庁の政治団体「神道政治連盟」と「旧統一教会」の両方から支援を受ける山谷氏は、「LGBT理解増進法案」の議論の中で、「体は男だけど自分は女だから女子トイレに入れろとか、アメリカなんかでは女子陸上競技に参加してしまってダーっとメダルを取るとか、ばかげたことはいろいろ起きている」という典型的なトランス排除言説を行った。山谷氏は安倍元首相とともに、2000年代頃の性教育や男女共同参画に反対するバックラッシュ運動を率いた急先鋒としても知られている。ここからも、宗教右派組織とつながる政治家が、SOGIだけでなく広くジェンダーやセクシュアリティをめぐる権利保障を阻む動きをしていることが分かる。

◉神道政治連盟国会議員懇談会での「LGBT差別冊子」配布問題

さらに、差別的な宗教右派勢力と政治とが「蜜月関係」にある現状は、「LGBT理解増進法案」の国会提出見送りからちょうど1年のタイミングでも浮き彫りになった。

2022年6月、自民党議員の大多数が参加する「神道政治連盟国会議員懇談会」で、LGBT差別冊子が配布された。神道政治連盟は宗教法人「神社本庁」の政治部門で、神道政治連盟国会議員懇談会は、神道政治連盟の趣旨に賛同する議員が集まる議員連盟である。

冊子には「同性愛は精神障害または依存症」だとか、「LGBTの自殺率が高いのは本人が何らかの悩みを抱えていたからで、差別が原因ではない」といった内容が掲載されている。また、電気ショックやカウンセリングなどで、性のあり方を「矯正」しようとする「転向療法（コンバージョン・セラピー）」を肯定、推奨するような言説もあった。転向療法は、法律で明確に「犯罪」と規定されている国もあるような、著しい人権侵害だ。

前述の山谷氏が「神道政治連盟」と「旧統一教会」の両方から支援を

受けていたと述べたが、『週刊文春』(2022年9月1日号)の報道によると、2022年2月、実質的に神社本庁が主催したイベントに、旧統一教会関連団体が賛同団体として名を連ねているという。一つの宗教右派組織が性的マイノリティを攻撃しているのではなく、裏では多くの団体がつながり、性的マイノリティの権利を阻害しているのだ。「LGBT理解増進法案」の国会提出見送りの背景には、こうした厳しい状況があることが広く知られてほしいと思う。

◉「一つの塊」となっていること

昨今、旧統一教会の問題が注目されていることは非常に重要だ。一方で、地方自治体から国レベルまで、ジェンダー平等や性的マイノリティの権利保障の動きを阻害しているのは旧統一教会だけにとどまらないことが、ここまでの事例から分かるだろう。こうした宗教右派勢力と政治のつながりが、一つの塊となってジェンダーやセクシュアリティをめぐる権利保障に対して大きな妨げとなっている。旧統一教会に責任をなすりつけて政治の側が逃げないように、政治の側、自民党のガバナンスの問題を厳しく指摘していく姿勢が重要ではないかと考える。

婚姻の平等(同性婚)に賛成する世論は過半数を超えている。20－30代では8割を超え、自民党支持層でも約6割が「認めるべき」と回答している。それでも法整備が進まないのは、社会の実態と政治が乖離してしまっている点も大きな要因だろう。その背景には、選挙での集票に動いてくれる組織を優先する政治的な動きがある。そこに具体的にどう対抗するかを考える必要があるのではないか。

旧統一教会は、悪い意味で性的マイノリティについてよく“勉強”している。草の根的に地方自治体のさまざまな所で活動している点は侮れない。

2000年代の性教育や男女共同参画の動きに対するバッシングも、現在のトランスジェンダーバッシングを中心とした反LGBTの動きも、根底は通じている。宗教右派勢力と政治のつながりに対抗するには、ジェンダー平等や性的マイノリティの権利保障を進める議員に投票するだけでなく、具体的に支援していくなど、こちら側も広く手を取り合い行動していかなければ、この状況を変えることはできないだろう。

◉「寛容」であることとは

「宗教とSOGI」というテーマに限らないが、しばしば「LGBTに対して不寛容な人への対応方法」を問われることがある。例えば「多様性を認めないという考えも一つの多様性ではないか」「LGBTを気持ち悪いと言うことも多様な意見の一つでは」といった主張に対する応答の仕方だ。これは、いわゆる「寛容のパラドクス」の問題といえるだろう。「多様性を認めない」という姿勢を許容した場合、認めたくない人の主張は守られ、その姿勢が蔓延した場合にこれを防ぐことはできない。結果的に多様性が尊重される社会を実現することはできなくなるのだ。「多様性を尊重する社会をつくる」という目標をセットするのであれば、多様性を認めないという考え方は「一つの多様性」にはならず、許容することはできないといえる。

私たちは「自由」に行動したり発言したりできるけれど、他者の権利を侵害することは、その「自由」に含まれない。「LGBTを気持ち悪いと言うのも多様な意見の一つでは」という主張については、どんな宗教を信じるかが守られるように、内心どう思っているかはその人の自由であり、外から介入できるものでも否定できるものでもない。しかし、それを表出して、誰かを否定したり、攻撃したり、差別、人権を侵害したりするのは許されないといえる。

もちろん、現実的な状況はもっと複雑だ。「気持ち悪い」と思ってしまう背景にあるのは、単なる「無知」や「誤解」に基づくものも多く、適切な知識や当事者との対話、映画や小説などの物語を通じて考え方や価値観は変わる可能性は大いにある。不寛容な姿勢も受け止めつつ、寛容な社会をつくっていくために何ができるかを考えることは当然重要だろう。ただ、宗教右派勢力と政治のつながりが、性的マイノリティの権利保障を阻害している現状、その背景を考えると、私たちは「差別」に対して明確に「NO」を示していかなければならない状況にあるのではないかと思う。

いっこうに進まない法整備の裏にあるのは、残念ながら「無知」というよりも、宗教的な信仰に基づく強固な「排除」の姿勢だ。

差別は命を奪う。そのことを私は何度でも強調したい。

困難リストおよび支援マニュアルガイドラインの改訂に向けて

青柳江理
LGBT法連合会

LGBT法連合会は2015年に「性的指向および性自認を理由とするわたしたちが社会で直面する困難のリスト」（略称：困難リスト）を作成し、2016年には「性自認および性的指向の困難解決に向けた支援マニュアルガイドライン」（略称：支援マニュアルガイドライン）の執筆および監修をしている。2019年には前者の第3版、後者の第2版を公開しており、現在それぞれさらなる改訂作業を進めている。

困難リスト（第3版）では子ども・教育、就労、医療、福祉などの9つの分野と場面ごとに生じる困難を、賛同団体等を通じて当会へ寄せられた情報をもとにまとめている。困難の事例数は354にのぼり、リストを参照した人が生活のあらゆる場面まで考えを巡らせることができるような内容となっている。

現在進めている第4版改訂でのポイントは、新型コロナウイルス感染症拡大による生活への影響だ。LGBT法連合会が2020年に実施した「第一次新型コロナウイルス感染症（COVID-19）に関する緊急アンケート」では、外出自粛や感染症対策に伴って新たな困難が生じているという声が多数寄せられた(1)。感染経路の公表が性的指向や性自認のアウティングにつながる恐れから専門医療機関への受診をためらったり、移動が制限されるためにホルモン治療を中断したりしていることが明らかになった。また、急激に増加したリモートワークにより、同性パートナーと同居していることが意図せず知られてしまった人もいた。感染拡大から約3年の間で蓄積されたこのような事例を第4版に反映させる予定だ。

さらに踏み込んで、教育、就労、医療、民間サービス、公共サービスの5つの分野ごとにハラスメント防止策や支援体制の整え方などを解説したのが、支援マニュアルガイドライン（第2版）である。「セクシュアルマイノリティ専門ライン」がある「よりそいホットライン」を運営している社会的包摂サポートセンターと協力して発行した。寄せられた相談をふまえて、自治体や企業、教育現場等、対応方法に悩む職場や団体に向けて具体的な施策を示すことがねらいだ。

第3版改訂では、「パワハラ防止法」と呼ばれる改正労働施策総合推進法のパワーハラスメントに関する規定についてさらに詳しく取り上げる。2019年改正によりパワハラ防止法では「SOGIハラ」やアウティングもパワーハラスメントに該当するとされており、職場での対策が義務づけられている。2022年4月から中小企業でも対策が義務化されたほか、地方自治体や大学などの非営利団体全般にも適用されているが、未だ周知が必要な状況と言えるだろう。

2023年中に以上の改訂作業を終える見込みであり、さらなる情報周知と支援の拡大につなげたい。なお、困難リスト（第3版）は無料でダウンロードでき[(2)]、支援マニュアルガイドライン（第2版）は無料配布している[(3)]。

注

(1) LGBT 法連合会「【声明】LGBT 法連合会第一次新型コロナウイルス感染症（COVID-19）に関する緊急アンケートの結果に基づく声明」（2020 年 5 月 1 日）
https://lgbtetc.jp/news/1691/

(2) LGBT 法連合会の下記ホームページよりダウンロード可能。
https://lgbtetc.jp

(3) 詳しい目次構成や入手先は下記サイトに掲載されている。
https://www.since2011.net/publish/publish001/

執筆者一覧

神谷悠一（かみや　ゆういち）

1985年生まれ。一般社団法人LGBT法連合会理事・事務局長。東京都豊島区男女共同参画苦情処理委員。兵庫県明石市LGBTQ＋／SOGIE施策アドバイザー。『差別は思いやりでは解決しない――ジェンダーやLGBTQから考える』（集英社、2022年）。

三成美保（みつなり　みほ）

追手門学院大学法学部教授・奈良女子大学名誉教授。専門はジェンダー法学・ジェンダー史・法。『同性愛をめぐる歴史と法――尊厳としてのセクシュアリティ』（編著、明石書店、2015年）、『教育とLGBTIをつなぐ――学校・大学の現場から考える』（編著、青弓社、2017年）、『LGBTIの雇用と労働――当事者の困難とその解決方法を考える』（編著、晃洋書房、2019年）、『「ひと」から問うジェンダーの世界史』全3巻（共編著、大阪大学出版会、2023年）

中川重徳（なかがわ　しげのり）

1959年 東京都生まれ。弁護士。一般民事・刑事事件のほか、セクシュアル・マイノリティ、HIV感染者への法的サポートに力を注ぐ。東京都立府中青年の家事件、東京都立七生養護学校事件、原爆症認定集団訴訟、同性婚の法制化を求める人権救済申立、「結婚の自由をすべての人に」訴訟などを担当。一般社団法人Marriage For All Japan – 結婚の自由をすべての人に（アドボカシーチーム）。『同性婚や同性パートナーシップ制度の可能性と課題』（共著、日本加除出版、2018年）ほか。

原ミナ汰（はら　みなた）

1956生まれ。団体役員。ジェンダー・セクシュアリティ関連相談・支援・交流事業の企画運営、翻訳通訳業（英西和）。共著書：『性的マイノリティサポートブック』（共生会SHOWA 編著、かもがわ出版、2021年）、『にじ色の本棚――LGBTブックガイド』（編著、三一書房、2016年）ほか多数。

本田恒平（ほんだ　こうへい）

1995年東京都生まれ。一橋大学大学院経済学研究科博士後期課程。専門は政治経済学。「1990年代外部労働市場規制緩和における『新時代の「日本的経営」』の影響力」『社会政策』第43号（2023年）など。

太田美幸（おおた　みゆき）

一橋大学大学院社会学研究科教授。専門は教育社会学、ノンフォーマル教育。「性の多様性をめぐる教育政策研究の課題」『日本教育政策学会年報』第24号（2017年）、『ノンフォーマル教育の可能性――リアルな生活に根ざす教育へ』（共編著、新評論、2013年）、『生涯学習社会のポリティクス――スウェーデン成人教育の歴史と構造』（新評論、2011年）など。

小山聡子（おやま　さとこ）

障害児者施設でのソーシャルワーク実践を経て、1996年より日本女子大学人間社会学部に勤務。博士（社会福祉学）。2018年度よりダイバーシティ委員会委員長。日本障害者虐待防止学会理事長。『LGBTと女子大学――誰もが自分らしく輝ける大学を目指して』（共著、学文社、2018年）など。

河野禎之（かわの　よしゆき）

筑波大学人間系助教。臨床心理士／公認心理師。筑波大学ヒューマンエンパワーメント推進局業務推進マネージャー。博士（障害科学）。ダイバーシティ&インクルージョンを研究領域とし、とくに「LGBTQ」と「認知症」に関するテーマを専門とする。

藤沢美由紀（ふじさわ　みゆき）

1983年千葉県生まれ。毎日新聞くらし科学環境部記者。LGBTQに関わる問題を継続して取材。LGBT法連合会の「報道ガイドライン」作成に参加。

奥野　斐（おくの　あや）

1983年新潟県生まれ。東京新聞社会部記者。ジェンダー、LGBTQ、保育・教育問題を中心に取材。LGBT法連合会の「報道ガイドライン」作成に参加。『子どもたちにせめてもう1人保育士を――時代遅れの保育士配置基準をいますぐアップデートすべきこれだけの理由』（共著、ひとなる書房、2023年）。

遠藤まめた（えんどう　まめた）

1987年埼玉県生まれ。一般社団法人にじーず代表。トランスジェンダー当事者としての自らの体験をきっかけにLGBTの子ども・若者支援に関わる。『教師だから知っておきたいLGBT入門――すべての子どもたちの味方になるために』（ほんの森出版、2022年）ほか。

太田啓子（おおた　けいこ）

国際基督教大学卒業。2002年弁護士登録（湘南合同法律事務所）。『これからの男の子たちへ――「男らしさ」から自由になるためのレッスン』（大月書店、2020年）、『憲法カフェへようこそ――意外と楽しく学べるイマドキの改憲』（共著、かもがわ出版、2019年）。

北仲千里（きたなか　ちさと）

全国女性シェルターネット共同代表。広島大学ハラスメント相談室准教授。専門は社会学。『アカデミック・ハラスメントの解決――大学の常識を問い直す』（共著、寿郎社、2017年）など。

中塚幹也（なかつか　みきや）

岡山大学教授。ジェンダークリニック医師。GID学会理事長。『封じ込められた子ども、その心を聴く――性同一性障害の生徒に向き合う』（ふくろう出版、2017年）『個「性」ってなんだろう？　LGBTの本』（監修、あかね書房、2018年）、Yahoo! ニュース個人サイト「生殖とジェンダーの今」。

堀江有里（ほりえ　ゆり）

1968年生。信仰とセクシュアリティを考えるキリスト者の会（ECQA）代表。専門は社会学、クィア神学。『「レズビアン」という生き方――キリスト教の異性愛主義を問う』（新教出版社、2006年）、『レズビアン・アイデンティティーズ』（洛北出版、2015年）

戸松義晴（とまつ　よしはる）

1953年東京都生まれ。浄土宗心光院住職。浄土宗総合研究所副所長。国際医療福祉大学特任教授。WCRP世界宗教者平和会議日本委員会理事長。文化庁宗教法人審議会委員など。『寄り添いの死生――学外国人が語る"浄土"の魅力』（共編、浄土宗、2011年）、*Buddhist Care for the Dying and Bereaved*, Wisdom Publications,2012.

斉藤正美（さいとう　まさみ）

富山大学教養教育院非常勤講師。社会学、フェミニズム・社会運動研究を専門とする。『社会運動の戸惑い――フェミニズムの「失われた時代」と草の根保守運動』（共著、勁草書房、2017年）、『徹底検証日本の右傾化』（共著、筑摩書房、2012年）など。

鈴木翔子（すずき　しょうこ）

レインボーさいたまの会共同代表 。 性的マイノリティへの理解促進や多様性を尊重する社会実現のため、教育機関や自治体職員、市民向けの研修や講演に関わる。また自治体に対する政策提言等の取り組みを行う。

松岡宗嗣（まつおか　そうし）

1994年生まれ。一般社団法人fair代表理事。『あいつゲイだって――アウティングはなぜ問題なのか？』（柏書房、2021年）、『LGBTとハラスメント』（共著、集英社新書、2020年）など。

性的指向及びジェンダーアイデンティティの多様性に関する国民の理解の増進に関する法律案の成立についての声明

2023年6月19日

一般社団法人 性的指向および性自認等により困難を抱えている当事者等に対する法整備のための全国連合会（略称：LGBT法連合会）
理事一同
（団体URL：https://lgbtetc.jp/）

2023年6月16日、参議院本会議において、「性的指向及びジェンダーアイデンティティの多様性に関する国民の理解の増進に関する法律案」が成立した。本法は、極めて異例の審議・修正の過程をたどり、短期間で法の内容が後退するものとなった。日本で初めて性的指向及びジェンダーアイデンティティについて位置づけた法律として、歴史的な意味を持つべき法律であるにもかかわらず、私たちが求めてきた差別禁止法とは大きく異なり、懸念を表明しなければならないものであることは極めて残念である。長年の運動の結果が、このような法律の制定であることは受け入れ難く、厳しい姿勢で臨まなければならない。また、今後、この法律については、取り組みの後退が懸念される部分、前進に活かし得る可能性のある部分の双方について、対応を早急に検討しなければならないであろう。

この法律は、「全ての国民が、その性的指向又はジェンダーアイデンティティにかかわらず、等しく基本的人権を享有するかけがえのない個人として尊重されるものであるとの理念にのっとり、性的指向及びジェンダーアイデンティティを理由とする不当な差別はあってはならないものであるとの認識の下」理解増進の施策を進めるとの基本理念を掲げている。この理念に則り、国の基本計画の策定、省庁連絡会議の設置、学術研究の推進、毎年の白書の発行などが政府に義務付けられている。また、国、地方公共団体、事業主、学校は、基本理念に則った施策の実施に努めるものとされており、啓発や相談体制の整備その他の必要な措置を努力義務として課している。ただし理念法でありながら、「全ての国民が安心して生活することができることとなるよう、留意するものとする」と、性的マイノリティ当事者の尊厳を踏み躙るかのような条文を設け、政府が具体的な指針を策定するものと規定している。

理解増進の名を冠しながらも、啓発等は努力義務に留まっており、国の体制整備を義務付ける法律と捉えるべきものである。ただ、国会答弁によれば、すべての施策は「全ての国民が安心して生活することができることとなるよう、留意するものとする」こととなる。更に、指針が策定されることにより、現在、もしくは今後の地方自治体や教育現場の取り組みに対し、実質的な萎縮効果をもたらすことが懸念される。一部の勢力によって、さまざまな取り組みが「安心できないもの」であるとされ、停滞させられることのないよう、今後の基本計画や指針の策定経過はもとより、地方自治体や教育現場への、学術的に裏打ちされ、統計的な根拠を持った働きかけを強めなくてはならない。

本法律が日本で初めて性的指向及びジェンダーアイデンティティ（性自認）について位置づけた法律であるにもかかわらず、このような内容となったことに憤りを禁じ得ない。法律制定までの審議過程も含め、これが当然に導き出される経緯や法の内容ではないことは、強調しておきたい。当事者は、法律の制定に至る過程の中で、多くの傷つきと途方もない苦しみを味わうこととなったが、これを当然とせず、このような過程自体が社会的に問われるべきものであり、真摯に省みられるべきであることを指摘する。

今後、この法律が性的指向や性自認に関する取り組みを阻害する動きに使われることなく、真に基本理念に則った取り組みが進むよう、また差別を禁止する法制度が確立されるよう、歩みを止めることなく、多くの人々とともに連帯して運動を続けていく。

以上

性的指向および性自認等により困難を抱えている当事者等に対する法整備のための全国連合会（通称：LGBT法連合会）

[設　立]　2015年4月5日

[目　的]　性的指向および性自認等により困難を抱えている当事者等に対する法整備

[活動内容]　①政策提言 ②法案の策定 ③学習会の実施 ④情報発信

[代表団体]　LGBT法連合会ウェブサイトに掲載

SOGIをめぐる法整備はいま

LGBTQが直面する法的な現状と課題

2023年7月10日　第1刷発行

編　者　© LGBT法連合会
発行者　竹村 正治
発行所　株式会社　かもがわ出版
〒602-8119　京都市上京区堀川出水西入
TEL 075-432-2868　　FAX 075-432-2869
振替 01010-5-12436
URL http://www.kamogawa.co.jp

印刷所　シナノ書籍印刷株式会社
ISBN978-4-7803-1272-0 C0032

[編集]　八木　絹（戸倉書院）
[装幀]　加門啓子
[DTP]　本間達哉（東方図案）